LES GRANDS

# GUERRIERS

### DES CROISADES

---

GRAND IN-8° 4° SÉRIE.

Propriété des Éditeurs,

*Eugène Adam et Cie*

# LES GRANDS
# GUERRIERS
## DES CROISADES

PAR M. BESCHERELLE AINÉ

AUGMENTÉ D'UN

## PRÉCIS HISTORIQUE DES CROISADES.

LIMOGES
EUGÈNE ARDANT ET C⁰, ÉDITEURS

# INTRODUCTION.

Il n'y a pas bien longtemps encore que tout historien ayant quelque prétention philosophique se croyait obligé de condamner les croisades. Les écrivains du dernier siècle, dans leurs attaques passionnées contre les expéditions des chrétiens dans la Palestine, n'ont pas craint d'en contester la légitimité, et il y en a même eu qui ont poussé l'exagération jusqu'à demander de quel droit les princes de l'Occident venaient s'emparer des provinces que les Turcs avaient arrachées aux empereurs de Constantinople. Mais personne aujourd'hui n'oserait tenir un pareil langage. Il est reconnu de nos jours, du moins par tous les hommes instruits et sensés, que les croisades achevèrent ce que Charles Martel avait si vaillamment commencé dans les plaines de Tours. Si, à la fin du onzième siècle, la chevalerie chrétienne n'avait pas porté en Orient la terreur du nom franc, il est incontestable que les Turcs, qui ne s'emparèrent de Constantinople qu'au quinzième siècle, s'en seraient rendus maîtres dès le douzième.

Et quelle aurait été la conséquence de ce grand événement, accompli à une époque où l'Europe était comme découpée en une infinité de petites principautés en guerre les unes contre les autres? C'est que, selon toute probabilité, le croissant, contre lequel saint Pie V fut obligé d'organiser une sorte de croisade, aurait établi son règne, dans une partie de l'Occident, quatre ou cinq cents ans avant la bataille de Lépante.

Au surplus, les croisades, qui ne purent arracher définitivement la Palestine aux musulmans, influèrent du moins, et de la manière la plus considérable, sur les progrès de la civilisation occidentale. Elles servirent à délivrer l'Europe du fléau des guerres privées, en occupant au-dehors l'activité d'une noblesse inquiète, pour qui les combats semblaient un besoin; elles contribuèrent ainsi à la tranquillité des populations, à la sûreté du commerce et de l'agriculture; elles favorisèrent en outre l'établissement des communes, en mettant les seigneurs dans la nécessité d'affranchir leurs serfs et d'aliéner leurs domaines pour se procurer l'argent nécessaire aux frais de ces expéditions.

Enfin, les croisades contribuèrent aux progrès des sciences, des arts, de l'industrie, de la navigation, du commerce. Il fallut, dans tous les ports, multiplier le nombre des navires pour transporter les croisés avec toutes leurs munitions, et, ainsi, la navigation de la Méditerranée, dont les musulmans étaient presque seuls en possession, tomba au pouvoir des Francs, et leur assura bientôt tout le commerce de la Grèce, de la Syrie, de l'Egypte et des Indes.

On pourrait ajouter, sans crainte de se heurter à des contradicteurs quelque peu sérieux, qu'il était beau de rétablir la foi aux lieux où elle est née, et que, pour la France, c'est une gloire impérissable que la valeur de ses fils ait tellement brillé aux yeux des peuples orientaux, que, dans leur pensée, le nom de Franc, aujourd'hui encore, soit synonyme de celui d'*Européen!*

A. DE C***.

# LES
# GRANDS GUERRIERS
## DES CROISADES.

---

### BAUDOUIN I$^{er}$, ROI DE JÉRUSALEM.

Baudouin était frère de l'illustre Godefroi de Bouillon. Destiné d'abord à l'état ecclésiastique, il ne tarda pas à embrasser le métier des armes, et lorsqu'on prêcha la première croisade en 1095, il prit la croix avec son frère. Entraîné dans cette entreprise autant par conviction religieuse que par l'espérance de conquérir, à la pointe de l'épée, une principauté en Asie, Baudouin ne laissa échapper aucune occasion de réaliser ses projets. Compagnon du vaillant Tancrède dans une expédition en Cilicie, il eut avec ce dernier de violents démêlés à l'occasion de la prise de Tarse. Baudouin en resta maître par la violence et força Tancrède à chercher d'autres conquêtes. Trop préoccupé des grandeurs de la terre, le frère du pieux Godefroi avait formé le projet de quitter l'armée croisée et d'aller guerroyer au loin, pour son propre compte. Lorsque ce dessein fut connu, Godefroi et les autres ge néraux réunirent tous leurs efforts pour détourner le jeune chevalier de son entreprise coupable. Mais il demeura sourd à toutes les supplications. A la tête d'une poignée d'hommes, il s'avança vers l'Arménie, et frappant les Turcs de terreur à force d'audace, il parvint jusque sous les murs d'Edesse.

Ville autrefois royale, Edesse, célèbre au temps de la primitive Eglise, était la métropole de la Mésopotamie. Elle était gouvernée, sous la suzeraineté des Sarrasins, par un prince grec qui y commandait au nom de l'empereur Alexis.

L'approche et les victoires des croisés produisirent la plus vive sensation dans la ville. L'évêque et douze des principaux habitants furent députés auprès du prince croisé, pour le conjurer de sauver une ville chrétienne de la domination des infidèles. Baudouin céda facilement à leurs prières. Elu prince d'Edesse par le peuple qui s'était révolté et avait tué son gouverneur, le jeune prince marcha peu de temps après contre Samosate, et l'emporta d'assaut. Une partie de la Mésopotamie et les deux rives de l'Euphrate reconnurent son autorité. Baudouin, avons-nous dit, ne comptait sous ses drapeaux qu'un petit nombre de croisés. Mais, s'il faut en croire une sorte de légende contemporaine, sa petite armée reçut un renfort assez important, à la suite d'un événement tout-à-fait romanesque.

Un soir du mois de juillet de l'année 1097, deux vaisseaux de l'empereur Alexis Comnène, montés par des Grecs, furent vigoureusement attaqués par des pirates, en vue des côtes de la Cilicie. Ces pirates étaient des Français, des Flamands et des Frisons, qui, ayant fait quelque temps le commerce de la pêche, avaient fini par trouver qu'il était plus commode de *prendre* que d'*échanger*, et s'étaient mis à écumer la mer, comme on disait alors. Leur force consistait en cinq ou six cents hommes déterminés, à la fois marins et soldats, qui d'une main faisaient la manœuvre, et de l'autre maniaient habilement la hache d'abordage. Après avoir enlevé les deux navires grecs, les pirates remontèrent le Cydnus pour aller à Tarse, qui était à une lieue et demie de la mer. Grande fut leur surprise en apercevant sur les murailles l'étendard de leur pays et des hommes revêtus de costumes francs. Leur cœur endurci s'amollit au souvenir de la patrie absente. D'un autre côté, les soldats de la garnison de Tarse ayant appris que les pirates parlaient leur langue, leur tendirent les bras. Ca les conduisit au palais devant Baudouin, qui tressaillit d'allégresse en reconnaissant Cherard et Wimer de Boulogne, avec lesquels il avait autrefois guerroyé. Le prince fit préparer un grand festin, et lorsqu'un vin généreux eut échauffé les imaginations, le frère de Godefroi parla ainsi à ses hôtes :

« Il faut que je vous dise, mes amis, que vous tous, qui êtes chrétiens comme nous, vous menez très mauvaise vie. Nous, croisés, nous sommes les soldats de Jésus-Christ, mais vous, nos compatriotes, vous êtes les soldats du diable. Mes frères, croyez-moi, abandonnez votre métier de pirates, et nous suivez. Allez avec mon frère Godefroi à la conquête du saint tombeau, ou bien attachez-vous à ma fortune. Si vous m'aidez de cœur, je vous ferai gagner de bonnes seigneuries.

— La croix! la croix! crièrent tous les pirates.
— Elle expiera tous vos péchés, » répliqua Baudouin.

On apporta aussitôt, sur de grands plats, des croix de drap vert, que les pirates s'attachèrent à l'épaule. Dès lors ces voleurs de la mer, transformés en soldats de la croisade, marchèrent sous les étendards de Baudouin, à qui ils rendirent d'éminents services, et ceux qui survécurent aux hasards de la guerre devinrent de bons chevaliers.

Cependant, Godefroi de Bouillon était mort à quarante et un ans, à son retour d'une expédition contre le sultan de Damas. Baudouin, le vaillant prince d'Edesse, venant visiter son frère, entrait dans Jérusalem au moment même où la ville entière pleurait ce héros, dont il apprit en ce moment la mort funeste. Baudouin était accompagné de quatre cents chevaliers et de mille fantasins. Il avait défait, en chemin, deux émirs. Après avoir donné bien des larmes à Godefroi, qu'il avait toujours tendrement aimé, Baudouin se fit proclamer roi de la Terre-Sainte, titre que son frère avait refusé, comme nous dirons ailleurs.

Les premiers exploits du nouveau roi furent la prise de Ségor, le châtiment des infidèles du pays d'Ascalon et la destruction de nombreuses bandes arabes sur lesquelles il fit un immense butin. Fier de la possession d'un trône qui passait, en ce temps-là, pour le plus auguste du monde, Baudouin déploya dès lors sans réserve toutes les vertus héroïques d'un véritable chevalier chrétien.

Un jour qu'il revenait d'une course contre les infidèles vaincus au-delà du Jourdain, il eut occasion de donner une preuve que son cœur était non-seulement vaillant, mais encore plein de générosité. Il était à quelques lieues de Jérusalem, lorsqu'il entendit des gémissements qui partaient d'un bois voisin. Il s'avança seul, et vit une femme arabe dans les douleurs de l'enfantement. Au milieu de la déroute des musulmans, la pauvre créature s'était égarée et la frayeur avait hâté sa délivrance. Quoique ce fût la femme d'un ennemi et d'un infidèle, Baudouin la couvrit de son manteau et la fit reposer sur des tapis. Et aussitôt que la pauvre accouchée annonça qu'elle pouvait supporter le transport, le roi de Jérusalem la fit déposer sur une litière et reconduire à son époux avec une sauvegarde. Or, ce dernier occupait un rang élevé chez les Arabes. Il versa des larmes de joie en revoyant sa femme, dont il pleurait la perte, et il jura en lui-même de n'oublier jamais la générosité de Baudouin.

Vers la fin de l'année 1101, le roi de Jérusalem marcha avec trois cents chevaliers et neuf cents hommes de pied contre douze mille Sarrasins qui dévastaient les environs de Ramla.

L'avant-garde des chrétiens fut d'abord taillée en pièces. Baudouin, désespéré, tomba à genoux, pria quelques instants, puis, attachant à sa lance une longue banderole blanche qui devait servir de drapeau à ses troupes, il s'élança sur les infidèles, les mit en pleine déroute, et rentra couvert de gloire dans Jérusalem, où tout le monde le croyait mort.

Peu de jours après, il attaquait avec la même audace une armée égyptienne qui s'avançait entre Ascalon et les montagnes de la Judée. Mais cette armée était si nombreuse qu'en un moment la troupe de Baudouin fut écrasée. Echappé seul, comme par miracle, le prince se cacha dans des bruyères auxquelles l'ennemi mit le feu, et ce fut à travers des périls sans nombre que le héros parvint à gager Ramla. Cette ville, assiégée tout aussitôt, était sur le point d'être emportée par les musulmans, lorsqu'un étranger se présente devant le roi de Jérusalem :

« Tu t'es montré humain, lui dit-il, tu as été généreux envers ma femme. Pour acquitter cette dette sainte, je suis prêt à tout braver. Demain cette ville sera entre nos mains : nul chrétien n'échappera au tranchant du cimeterre. Mais, toi, si tu veux me suivre, tu ne mourras pas, et, avant le jour, tu seras parmi les tiens. »

Baudouin hésita. Son cœur se déchirait en pensant à ses frères qu'il ne pouvait secourir. Mais il fallut céder à la nécessité. L'émir tint sa promesse, et, pendant que les habitants de Jérusalem, instruits de la prise de Ramla, pleuraient la mort de leur souverain, celui-ci, rapide comme l'éclair, se montrait sous les remparts de la cité sainte. Sans prendre une heure de repos, le prince rassembla tous les chrétiens qui pouvaient porter les armes, se retourna contre les Égyptiens avec la furie du désespoir, et fit un effroyable carnage des infidèles dans les plaines de Jaffa.

Baudouin ajouta, par ses conquêtes, au royaume de Jérusalem les villes de Ptolémaïs (Saint-Jean-d'Acre), de Sidon, de Bérite, et plusieurs villes de la côte de Phénicie. Il allait entreprendre le siège de Tyr, lorsqu'il fut atteint de la dyssenterie à El-Arisch. Sentant sa fin approcher, le prince rassembla autour de lui ses compagnons d'armes :

« Je vais mourir, leur dit-il, mais ne vous en troublez pas. Vous ne perdez en moi qu'un seul homme, et vous avez parmi vous plusieurs chefs plus habiles que moi. Restez donc unis, et accordez-moi une dernière faveur : que mon corps soit transporté à Jérusalem et enseveli dans le tombeau où repose mon noble frère Godefroi ! »

## BOHÉMOND, PRINCE DE TARENTE.

Bohémond, prince de Tarente, était fils de Robert Guiscard, cet aventurier normand qui, ayant quitté son fief de Hauteville, en basse Normandie, avec cinq chevaliers et trente fantassins, passa en Italie et conquit, à la pointe de son épée, à la suite d'exploits fabuleux dans la Sicile et dans le royaume de Naples, le titre de duc de la Pouille et de la Calabre. Bohémond n'avait ni moins de courage, ni moins d'audace, ni moins de génie que son père. Les auteurs contemporains s'accordent tous pour le représenter comme le type des paladins du moyen-âge. Sa taille, dit Anne Comnène, surpassait d'une coudée celle des hommes ordinaires, et sa présence frappait autant les regards que sa réputation étonnait l'ennemi. Lorsqu'il parlait, on eût dit qu'il avait étudié l'éloquence; lorsqu'il se montrait sous les armes, on eût pu croire qu'il n'avait jamais fait que manier la lance et l'épée. Elevé à l'école des héros normands, Bohémond cachait les froides combinaisons de la politique sous les dehors de la bienveillance, et, quoiqu'il fût d'un caractère fier et hautain, il savait dissimuler une injure quand la vengeance ne lui était pas profitable.

Brave comme ses aïeux, le fils de Robert Guiscard commandait l'aile gauche de l'armée normande à la bataille de Durazzo, et on l'y vit, à la tête de cinquante des siens, charger sans hésitation et tailler en pièces un corps de cinq cents cavaliers grecs. Déshérité par un injuste testament, il ne lui restait plus, à la mort de son père, que le souvenir de ses exploits et l'exemple de ses ancêtres : il ne se laissa pas abattre par la mauvaise fortune.

Vainqueur de Roger, ce frère cadet qu'on lui avait préféré, il obtint de lui la principauté de Tarente, et ils faisaient, tous les deux, le siége de la ville d'Amalfi, lorsqu'ils apprirent que les chrétiens de l'Occident se préparaient à porter la guerre en Palestine, pour arracher les saints lieux à la domination musulmane. A cette nouvelle, le prince de Tarente, comme entraîné par l'enthousiasme général, se met à parcourir les rangs de son armée, prêchant lui-même la croisade à ses soldats. Il parle aux guerriers les plus pieux de la religion opprimée par les sectateurs de Mahomet ; il fait valoir auprès des autres la gloire et la fortune qui ne peuvent manquer de couronner leurs exploits. Son éloquence entraîne les soldats, et le camp retentit bientôt du cri : *Dieu le veut ! Dieu le veut !*

A la vue de toute l'armée, Bohémond se dépouille de son riche manteau, et, le découpant en lambeaux, il en fait des croix qu'il distribue à ses officiers. Il ne manquait plus qu'un chef pour la sainte expédition. Les nouveaux croisés élurent avec acclamation le vaillant missionnaire, lequel, à la tête de dix mille chevaux et de vingt mille fantassins, ne tarda pas à faire voile vers la Palestine.

La haine du prince de Tarente contre Alexis, empereur de Constantinople, lui suggéra la pensée de se liguer avec Godefroi de Bouillon pour détrôner le prince byzantin. Mais le pieux et noble Godefroi n'oublia pas qu'il avait pris les armes pour la délivrance du Saint-Sépulcre ; il rejeta les propositions de Bohémond en lui rappelant le serment qu'avaient fait tous les croisés de ne combattre que les infidèles.

Bohémond avait débarqué dans l'Albanie. Plusieurs villes et un certain nombre de districts avaient déjà été ravagés par les croisés italiens et normands, lorsque Bohémond reçut de l'empereur une invitation pressante de se rendre à Constantinople. Le prince de Tarente y fut reçu avec une magnificence inouïe. A la vue d'une salle remplie de richesses, le Normand s'était écrié : « Il y a là de quoi conquérir un royaume ! — Tout cela est à vous, » répondit l'empereur. Et il fit aussitôt transporter tous ces trésors chez son hôte.

Cependant, des marches pénibles et des combats sanglants, où Bohémond fit admirer son habileté militaire et son brillant courage, avaient conduit les croisés devant la ville d'Antioche, si célèbre dans l'histoire de l'Eglise. Pendant plus de sept mois, les chrétiens furent arrêtés sous les murs de cette place, et, malgré des prodiges de valeur, ils auraient été contraints d'en lever le siège si l'ambition et la ruse n'avaient fait, pour la cause des croisés, ce que n'avaient pu faire et leur courage et leur persévérance. Bohémond s'était ménagé, dans Antioche, des intelligences avec un renégat nommé Phirous, qui offrit de livrer au prince trois tours dont la garde lui était confiée, sous la condition (dictée par le rusé Normand), que la ville serait livrée au seul prince de Tarente, en la possession duquel elle resterait définitivement. Bohémond avait fort habilement ourdi sa trame ; mais il fut trahi par l'ambition jalouse de quelques-uns de ses rivaux. « Nous n'avons pas, dirent-ils, traversé tant de pays, bravé de si grand périls, prodigué notre sang et nos trésors, pour payer du prix de nos conquêtes quelque stratagème honteux, dont il faut laisser l'invention à des femmes. »

Bohémond, que l'histoire a surnommé l'Ulysse des Latins, fut obligé de dissimuler son dépit, et il envoya des émissaires dans tous les quartiers pour semer les nouvelles les plus alarmantes. Comme il l'avait prévu, la consternation s'empare des chrétiens. Quelques-uns des chefs de l'armée sont envoyés à la découverte pour reconnaître la vérité des bruits répandus dans le camp. Ils reviennent bientôt annoncer que Kerboga, sultan de Mossoul, s'avance vers Antioche avec une armée de deux cent mille hommes rassemblés sur les rives de l'Euphrate et du Tigre. Cette armée qui avait menacé la ville d'Édesse et ravagé la Mésopotamie, n'était plus qu'à sept journées de marche.

A ce récit, la terreur redouble parmi les croisés. Bohémond parcourt les rangs, exagère le péril, il affecte de montrer plus de tristesse et de crainte que tous les autres. Les croisés, fatigués d'un long siège et effrayés à la pensée de se voir pris entre deux armées, acceptent enfin les propositions du renégat. Mais au moment de l'exécution, une panique s'empare des troupes chrétiennes : personne ne se présente pour escalader les remparts avec Godefroi de Bouillon et avec le prince de Tarente ! Bohémond, exaspéré de fureur, monte lui-même à l'échelle de corde dans l'espoir qu'il sera suivi par les plus braves.

Il arrive seul dans la tour de Phirous, qui lui fait les plus vifs reproches sur sa lenteur. Le prince redescend à la hâte vers ses soldats, auxquels il répète que tout est prêt pour les recevoir. Son discours et surtout sa vaillance raniment enfin ses compagnons. Soixante guerriers s'élancent à l'échelle, encouragés par un chevalier du nom de Covel, et qui, dit la chronique, ressemblait à un aigle conduisant ses petits et volant, à leur tête, pour les encourager. Dix tours tombent en quelques instants au pouvoir des chrétiens; l'armée tout entière accourt; les portes sont enfoncées à coup de hache, et, sur ses quatre collines, la ville retentit du cri terrible : *Dieu le veut! Dieu le veut!* Le massacre fut effroyable : le sang coulait par torrents dans les rues.

Au milieu de cette sanglante victoire, Bohémond ne négligea pas de prendre possession d'Antioche; et, lorsque le jour parut, on vit flotter son gonfanon rouge sur l'une des plus hautes tours de la ville.

Le troisième jour après la prise de la ville, apparurent, dans le lointain, les innombrables bannières de l'armée musulmane. Le siége fut poussé avec une grande vigueur. Le farouche Kerboga paraissait sûr de la victoire. Les croisés, réduits à l'état de fantômes par la faim, ne pouvaient plus faire peur qu'à des femmes. Mais le prince infidèle ignorait à quelle source les chrétiens puisent leur force et leur enthousiasme. L'armée chrétienne, à peu de temps de là, remportait sur ses ennemis la victoire la plus complète!

Un jour, l'intrépide Bohémond ayant voulu secourir une ville de Mésopotamie, attaquée par les Turcs, ses troupes furent accablées par le nombre, et il fut fait prisonnier.

Retenu dans les fers pendant plus de deux années, le prince de Tarente ne perdit rien ni de son audace ni de son activité. Il ne se borna pas à guerroyer les infidèles. Ayant engagé à son service des vaisseaux pisans et génois, il dirigea ses attaques contre l'empire grec; mais, comme la rapidité de ses succès ne répondait pas à son impatience, il résolut de passer en Occident pour chercher de plus grands secours. Un stratagème des plus bizarres servit au prince à cacher son départ, auquel la flotte grecque aurait pu mettre obstacle.

Pendant que ses affidés publiaient que Bohémond était mort, ce prince se faisait porter sur une galère, enfermé dans un cercueil où il avait ordonné de percer un assez grand nombre de trous pour pouvoir respirer à son aise. Des pleureuses, agenouillées autour du mausolée, gémissaient en s'arrachant les cheveux. Bohémond passa, dans ce lugubre appareil, à travers la flotte grecque, au bruit des transports de joie que la nouvelle de sa mort excitait. Il descendit à Corfou et, se trouvant déjà près de l'Italie, dans une île dont la garnison était peu nombreuse il sortit de son cercueil et se promena dans la ville. Ayant fait appeler le gouverneur, il lui dit d'un air menaçant : « Faites savoir à votre maître que Bohémond, fils de Robert, est ressuscité, et que bientôt il aura de ses nouvelles! »

Le prince d'Antioche remonta ensuite sur son bord et fit voile vers l'Italie. Après y avoir séjourné quelque temps, Bohémond se rendit en France, où le roi Philippe lui permit de lever des troupes et lui donna pour femme sa fille Constance. Le jour même de ses noces, célébrées à Chartres avec beaucoup de pompe, le vaillant croisé monta sur le jubé de la cathédrale et prêcha l'expédition contre Alexis avec tout l'enthousiasme qu'il apportait dans les combats. En peu de jours, il se trouva à la tête d'une armée nombreuse.

Mais peu de temps après, en l'année 1111, la mort surprit le prince de Tarente dans la Pouille, au moment où il se disposait à porter de nouveau dans l'empire grec la terreur de son nom. On lui éleva à Canosa un tombeau, dont le cardinal Baronius a conservé l'inscription dans ses annales.

## BOUILLON (Godefroi de).

Non loin des bords de la Dyle, et à peu de distance des ruines de l'antique abbaye de Villers, s'élevait autrefois un château-fort qui dominait le village de Baisy. C'est dans les murs de ce manoir féodal, suivant le témoignage des plus fidèles chroniqueurs, que naquit, en 1060, d'Eustache II, comte de Boulogne, et d'Ida, fille de Godefroi, duc de Lorraine, le futur libérateur de la Terre-Sainte, le type le plus parfait des chevaliers chrétiens du moyen-âge, Godefroi de Bouillon.

Godefroi sortait à peine de l'adolescence, lorsque son oncle maternel, Godefroi le Bossu, duc de Basse-Lorraine et de Bouillon, périt assassiné dans la guerre qu'il soutenait contre Robert le Frison. Godefroi le Bossu n'avait pas d'enfants, et il avait désigné pour son héritier le fils de sa sœur Ida. Mais le duc de Lorraine venait à peine de fermer les yeux, que l'empereur Henri IV, oubliant les services de son fidèle vassal, donna à son propre fils Conrad l'investiture du duché de Basse-Lorraine. L'évêque de Verdun et le comte de Namur, profitant de la circonstance, vinrent mettre le siège devant la forteresse de Bouillon, où la comtesse Ida s'était enfermée avec son fils (1077). C'est en défendant ce château que Godefroi de Bouillon déploya, pour la première fois, ce courage chevaleresque qui devait, quelques années plus tard, lui acquérir un renom si éclatant.

Vainqueur de ses agresseurs, le jeune héros les força à demander la paix ; et l'empereur lui-même, plein d'admiration pour les hauts faits de son vassal, reconnut l'injustice qu'il avait commise à son égard, et, pour l'en dédommager, lui conféra le marquisat d'Anvers.

Lorsque, plus tard, l'empereur impie vint assiéger Rome à la tête de son armée, Godefroi accompagna son suzerain, et ce fut à l'intrépidité du neveu de Godefroi le Bossu que Henri IV dut la conquête éphémère de la Ville-Eternelle. Éphémère ! Ce ne sont pas les hommes, c'est Dieu qui restera, le premier et le dernier, maître de la cité des Papes.

L'empereur, après la révolte de son fils Conrad, avait restitué à Godefroi la couronne ducale de Basse-Lorraine. Mais rien ne pouvait consoler le pieux soldat d'avoir porté les armes contre le successeur de saint Pierre. Une fièvre lente étant venue accroître ses remords, Godefroi fit le vœu, s'il guérissait, d'aller à Jérusalem, non avec le bourdon et la panetière, mais avec son épée, comme un vrai chevalier.

L'occasion de mettre cette promesse à exécution ne tarda pas à se présenter.

Toujours la chrétienté avait porté ses regards vers la Palestine, théâtre du grand drame évangélique. Saint Jérôme nous apprend que les pèlerinages à Jérusalem commencèrent immédiatement après l'ascension de N. S. Jésus-Christ. Depuis l'an 1000, surtout, où les terreurs sur la fin prochaine du monde avaient cessé, une foule innombrable de pèlerins affluaient dans la Terre-Sainte. Mais voilà que tout-à-coup le bruit se répand en Europe que la Palestine est devenue la proie des Turcs séjoulkides, que le croissant de Mahomet brille sur les remparts de la ville sainte, dont les églises ont été profanées et que les barbares, poussant jusqu'au Bosphore, menacent l'empire grec.

A cette nouvelle, les peuples de l'Occident coururent aux armes. Il ne s'agissait plus seulement, en effet, de délivrer le tombeau de l'homme-Dieu ; comme au temps de Charles Martel, une lutte suprême s'engageait entre l'islamisme et la civilisation chrétienne. Un concile se rassembla donc à Clermont, et là le pape Urbain II, appelant à la croisade le ban et l'arrière-ban des chevaliers du Midi et du Septentrion, fit entendendre ces paroles, qui retentirent dans toute l'Europe :

« Guerriers, qui cherchez sans cesse de vains prétextes de guerre, réjouissez-vous, car voici une guerre légitime. Vous qui fûtes si souvent la terreur de vos concitoyens, et qui vendez, pour un vil salaire, vos bras aux fureurs d'autrui, armés du glaive des Machabées, allez défendre la maison d'Israël ! »

Le concile de Clermont s'était tenu en novembre 1095. Dès le printemps suivant, deux cent mille hommes, appartenant aux classes inférieures, se précipitaient sur l'Asie, sous la conduite de Pierre l'Ermite. Mais cette multitude sans discipline était incapable de résister au premier choc des infidèles. Traqués comme des bêtes fauves par les riverains du Danube, ces premiers croisés périrent presque tous sous les flèches des Turcs.

Le non-succès de cette première expédition ne refroidit pas l'enthousiasme de l'Occident. De grandes armées régulières, composées de princes, de chevaliers, d'hommes d'armes de tous les pays, se mirent en marche pour l'Orient. L'Europe semblait obéir à la voix même de Dieu. « *Dieu le veut !* » Ce fut à ce cri, en effet, que la chevalerie chrétienne se précipita sur l'Asie.

Godefroi, l'un des premiers, avait répondu à l'appel du chef de l'Eglise. Pour accroître le nombre de ses soldats, aucun sacrifice ne lui coûta : il vendit ses forteresses, et il n'hésita même pas à céder ses droits sur le duché de Bouillon.

L'armée chrétienne se mit en marche le 10 août 1096, sous la conduite de Godefroi, qui était à la fois, dit un chroniqueur contemporain, l'Agamemnon et l'Achille de cette Iliade chrétienne. Plus de sept cent mille soldats de la croix traversèrent les plaines arides de la Bythinie, et, en dépit des efforts désespérés des défenseurs de l'islam, vinrent mettre le siège devant Nicée.

Pendant que les chrétiens étaient retenus devant cette place, Godefroi de Bouillon donna à son armée une preuve d'adresse et de vaillance qui, en ces temps-là, devait exciter parmi les hommes de guerre une admiration extraordinaire.

Un jour, un Sarrasin d'une force herculéenne bravait, du haut de l'une des tours de la ville, tous les assauts des croisés, dans les rangs desquels il jetait la terreur et la mort. Godefroi survint, saisit une arbalète, et, visant l'infidèle au cœur, il le renversa sans vie.

Une autre fois, l'avant-garde de l'armée chrétienne, en marche sur Antioche, avait été tout-à-coup attaquée par des forces bien supérieures ; l'ennemi était, sur presque tous les points, victorieux. La déroute menaçait de devenir générale, lorsque le duc de Bouillon, qui avait pris une autre route, apparut à la tête de ses chevaliers. Les historiens de la croisade ne tarissent pas sur les hauts faits de Godefroi en cette terrible bataille. Homère ne prête pas à ses héros des prouesses plus gigantesques.

Godefroi ne se distinguait pas seulement par sa vaillance. Nul, parmi les chevaliers de l'Occident, ne se montrait aussi constamment humble, dévoué, désintéressé. Lorsque les chrétiens traversèrent les déserts de l'Isaurie, où, pendant plusieurs jours, les vivres manquèrent presque complètement, on vit avec admiration le chef de la croisade se priver de ses propres provisions pour les distribuer aux femmes et aux enfants qui suivaient l'armée.

Pour chaque soldat, Godefroi de Bouillon avait, en toutes circonstances, l'affection d'un père. Les chroniqueurs rapportent mille traits de cette bonté paternelle. Un jour, dans une partie de chasse, auprès d'Antioche, le héros chrétien, ayant entendu des cris qui partaient d'un endroit écarté de la forêt, poussa son cheval de ce côté, et trouva un soldat chargé de bois, que poursuivait un ours affamé. A cette vue, Godefroi met l'épée à la main, et vole au secours du soldat. Renversé de cheval par l'animal, qui avait quitté sa proie pour s'élancer sur lui, le duc de Bouillon se relève avec la rapidité de l'éclair, et frappe à grands coups d'épée son horrible adversaire. L'ours, devenu furieux, se jette de nouveau sur lui et le foule à ses pieds. Dans ce péril suprême, le sang-froid de l'illustre guerrier le sauva. Etreignant d'un bras la bête féroce, il lui plongea de l'autre son épée dans les entrailles et l'étendit sur la place.

A la suite de ce duel d'un nouveau genre, le duc, blessé grièvement à la cuisse, fut reconduit au camp par le soldat qui lui devait la vie, et les acclamations de l'armée entière le payèrent de son dévouement chevaleresque !

Cependant les chrétiens, assiégés dans Antioche, qu'ils avaient enlevée aux musulmans, étaient en proie à la plus horrible famine. La défection gagnait de proche en proche ; plusieurs chefs renommés avaient même quitté l'armée. Mais Godefroi et Tancrède, loin de se laisser abattre, firent le serment de ne point renoncer à délivrer Jérusalem, tant qu'ils compteraient soixante hommes sous leur bannière. L'héroïsme des deux chevaliers releva le courage de leurs compagnons, et, le 28 juin 1098, les croisés remportèrent sur les Sarrasins une victoire aussi éclatante que celle où Ab-del-Rhaman et son innombrable armée furent écrasés, dans les plaines de Poitiers, par le marteau du fils de Pépin de Herstall. La chronique raconte que, le jour où fut livrée cette terrible bataille, Godefroi de Bouillon, dont la charité ne reculait devant aucun sacrifice, se trouvait dans un dénûment tel, qu'il fut obligé pour combattre d'emprunter un cheval au comte de Toulouse.

Le vendredi 15 juillet 1099, Godefroi planta sa bannière sur les remparts de Jérusalem. L'honneur de monter les premiers à la brèche avait été revendiqué par Godefroi de Bouillon et par son frère Eustache. Le duc de Lorraine s'élança donc sur les murailles et pénétra dans la ville sainte par la porte de Saint-Etienne, qui fut aussitôt ouverte à l'armée chrétienne.

Pendant toute la durée du siége, Godefroi avait montré l'habileté d'un grand capitaine et donné mille preuves d'un courage extraordinaire. Après la bataille, le héros s'abstint de tout carnage ; et, tandis que ses compagnons s'abandonnaient à tout l'enivrement de la victoire, lui, sans armes et pieds nus, il se rendit, avec trois serviteurs, dans l'église du Saint-Sépulcre. Cet acte de piété n'est pas plus tôt connu, qu'aussitôt toutes les vengeances, toutes les fureurs s'apaisent. Les croisés se dépouillent de leur armure teinte de sang, font retentir Jérusalem de leurs gémissements, et se rendent en procession, pieds nus et tête découverte, dans l'église où leur général était allé rendre grâce à Dieu !

Bientôt les barons résolurent de relever le trône de David, et d'y placer le chevalier le plus vaillant et le plus digne. Dix chrétiens, choisis parmi les personnages les plus éminents et les plus recommandables du clergé et de l'armée, furent appelés à élire le roi de Jérusalem.

Guillaume de Tyr rapporte, à ce sujet, que les dix arbitres voulant s'éclairer par tous les moyens propres à les conduire à un bon choix, questionnèrent les domestiques et les familiers des prétendants. A chacun de ces derniers on reprocha quelque défaut. Mais quant au duc de Lorraine, pas un seul de ses gens ou de ses amis ne mêla la moindre restriction au témoignage qu'ils rendirent de ses vertus. Elu roi par ses pairs, Godefroi fut conduit en triomphe à l'église du Saint-Sépulcre ; mais le pieux chevalier refusa les insignes de la royauté, en disant qu'*il n'accepterait jamais une Couronne d'or là où le Sauveur des hommes en avait porté une d'épines ;* et il se contenta de l'humble titre de baron du Saint-Sépulcre !

La victoire d'Ascalon, remportée peu de temps après, mit le comble à la gloire de Godefroi de Bouillon. La chronique contemporaine lui a appliqué ce que la sainte Ecriture dit de Judas Machabée : « qu'il accrut la gloire de son peuple, et que, semblable à un géant, il fut la terreur de ses ennemis et la protection de tout son camp! »

L'histoire a conservé du duc de Lorraine un mot qui peint au vif la grande âme du héros chrétien, et qui résume, en quelque sorte, la biographie que nous venons d'esquisser. A ses compagnons qui, après la bataille d'Ascalon, le complimentaient sur les prodiges d'énergie et de vaillance qu'il avait faits durant toute cette journée, il répondit simplement : « Mes mains sont fortes, parce qu'elles sont pures! »

## BRIENNE (Jean de).

Fils d'Erard II, comte de Brienne, en Champagne, et d'Agnès de Montbelliard, Jean de Brienne avait été destiné, dans sa jeunesse, à l'état ecclésiastique. Il entra dans le monastère de Citeaux, où, confondu avec la foule des cénobites, il se livra, comme eux, aux jeûnes et à la mortification. Cependant, les austérités du cloître ne pouvaient s'allier avec son ardeur, avec sa passion pour le métier des armes. Souvent, au milieu de la prière et des cérémonies religieuses, l'image des combats venait distraire sa pensée et troubler son esprit.

L'un de ses oncles l'ayant un jour trouvé, à la porte du monastère, l'amena chez lui et le mit à même de suivre ses dispositions naturelles. Bientôt celui qu'on destinait au service de Dieu, à la paix des autels, se fit un éclatant renom de chevalerie. Aussi, lorsque les chrétiens de la Palestine vinrent demander à Philippe-Auguste un époux pour la jeune Marie, fille de Conrad de Montferrat et héritière du royaume de Jérusalem, le roi de France n'hésita pas à désigner le vaillant fils du comte Erard. Jean accepta avec joie la main d'une jeune reine, avec un État qu'il fallait disputer, l'épée à la main, aux Sarrasins. Il chargea les ambassadeurs de la Palestine d'aller annoncer sa prochaine arrivée, et, plein de confiance dans la cause qu'il allait défendre, il leur promit de les suivre à la tête d'une armée.

Le nouveau roi ne tarda pas, en effet, à faire admirer son courage sur les champs de bataille de la Terre-Sainte; toutefois, comme il n'avait amené avec lui qu'un petit nombre de chevaliers, il ne put délivrer les provinces chrétiennes de la présence d'un ennemi formidable.

Renfermé dans Ptolémaïs, n'ayant point d'armée pour la défendre, Jean de Brienne implora l'appui du Saint-Siège et le secours des chevaliers français. Mais la guerre désastreuse des Albigeois, la croisade prêchée par Innocent III contre les Maures d'Espagne, empêchèrent les guerriers de l'Occident de prêter l'oreille aux plaintes des chrétiens de Jérusalem.

Pourtant, rien n'égalait l'ardeur du souverain pontife. Le cardinal Robert de Courson, qui se trouvait alors en France comme légat du pape, reçut la mission de prêcher la croisade dans plusieurs provinces de France.

Parmi les princes qui jurèrent de traverser la mer pour combattre les musulmans, on remarquait André II, roi de Hongrie. Les troupes de ce prince, réunies à la poignée de chevaliers français enrôlés sous la bannière de Jean de Brienne, permirent à ce dernier de reprendre l'offensive. Les Sarrasins furent vaincus dans plusieurs combats. Peu de temps après, on résolut d'attaquer l'Egypte, et l'armée chrétienne s'assembla sous les murs de Damiette, qui, après des prodiges de valeur, tomba entre les mains des chrétiens. Nommé, un peu plus tard, général des armées du pape, qui faisait la guerre à Frédéric II, empereur d'Allemagne, Brienne s'illustra par de nouveaux exploits contre les troupes impériales dans les Etats romains et dans le royaume de Naples.

Tandis que ces choses se passaient, l'empire de Constantinople tombait en ruines. Baudouin II, qui devait succéder à son père, Pierre de Courtenay, était encore en bas âge. Les principaux de l'Etat s'adressèrent donc au pape pour lui demander un prince qui pût les gouverner. Le pape jeta les yeux sur Jean de Brienne, qui fut investi pour toute sa vie du titre et des pérogatives d'empereur, à condition qu'il donnerait au jeune Baudouin sa seconde fille, et que celui-ci lui succéderait.

Jean de Brienne arriva à Constantinople en 1229. Il avait près de soixante-dix ans. Mais le vieux chevalier ne démentit pas les espérances qu'on avait placées dans son habileté et dans sa bravoure. Cent mille barbares étaient venus mettre le siège devant Constantinople, qui n'avait pour défenseurs qu'un petit nombre de barons et de chevaliers. Cette élite de guerriers français, dirigés par Brienne, fit des prodiges de valeur et mit en déroute l'armée des assiégeants, qui laissèrent leurs bagages et leur flotte entre les mains des vainqueurs. L'année suivante, les Grecs et les Bulgares furent encore repoussés et battus par le héros septuagénaire. Ces deux victoires retentirent dans l'Occident. L'enthousiasme des guerriers se réveilla, et un grand nombre de croisés allaient se mettre en route pour Constantinople, lorsque, le 23 mars 1271, le Machabée de l'empire latin s'éteignit au milieu de sa gloire!

## CHATILLON (Renaud de).

La ville d'Edesse venait de tomber entre les mains des infidèles. Les habitants de Jérusalem versèrent des larmes de désespoir en apprenant cette funeste nouvelle, et l'évêque de Gabale, en Syrie, accompagné d'un grand nombre de prêtres et de chevaliers, se rendit à Viterbe auprès du souverain pontife. Les récits de l'ambassade chrétienne émurent profondément le vicaire de Jésus-Christ, et, à sa voix, les guerriers coururent de toutes parts aux armes.

Louis VII venait de monter sur le trône de France. Poussé par un sentiment de vengeance aveugle contre Thibaut de Champagne, le roi avait mis tout à feu et à sang dans les Etats de ce grand feudataire. Les habitants de Vitry furent inhumainement passés au fil de l'épée : des femmes, des vieillards, des enfants, s'étaient réfugiés dans une église : le prince y fit mettre le feu, et treize cents personnes périrent dans les flammes.

Dans une lettre éloquente, saint Bernard fit justice de

cet acte de barbarie, et Louis VII, en expiation de son crime, prit la résolution d'aller combattre les infidèles en Orient.

Parmi les chevaliers qui accompagnèrent en Asie l'armée du roi de France, se trouvait Renaud de Châtillon, dont les vieilles chroniques racontent les aventures romanesques et l'extraordinaire fortune.

Né à Châtillon-sur-Indre, le jeune Renaud s'était enrôlé sous la bannière de Raymond de Poitiers, prince d'Antioche. Raymond ayant perdu la vie dans une bataille, sa veuve Constance fut sollicitée de prendre un nouvel époux pour l'associer à son gouvernement. La princesse avait été demandée par les guerriers les plus illustres, par les seigneurs les plus puissants : mais tous éprouvèrent un refus. Constance avait remarqué la beauté et la vaillance de Renaud de Châtillon, et, par un mariage qui remplit de surprise tous les barons chrétiens, elle éleva sur le trône d'Antioche un jeune chevalier encore inconnu en Orient.

Devenu chef d'une armée dans laquelle il avait été simple chevalier, Renaud arma des vaisseaux, ravagea l'île de Chypre. Fait prisonnier par les Sarrasins, Châtillon ne recouvra sa liberté qu'après de longues années de captivité. Lorsqu'il revint à Antioche, sa femme Constance n'était plus, et le fils de Raymond de Poitiers, parvenu à l'âge de majorité, gouvernait la principauté paternelle.

Renaud se rendit à Jérusalem, où le souvenir de ses exploits et de ses fortunes le fit accueillir avec distinction par Baudouin III et par les barons. Ayant épousé en secondes noces la veuve de Homphroi de Thoron, il devint seigneur de Carac et de quelques châteaux situés sur les confins de la Palestine et de l'Arabie.

Renaud conduisit dans les villes et les forteresses qui lui appartenaient un grand nombre de templiers, qu'il associa à sa fortune, et, quoiqu'une trêve eût été conclue avec Saladin, il refusa formellement de déposer les armes.

Saladin, furieux, partit une troisième fois des bords du Nil pour envahir la Palestine, à la tête d'une armée nombreuse. Pendant ce temps, Renaud de Châtillon concevait le hardi projet d'aller jusque dans les villes de la Mecque et de Médine, piller la kaaba et le tombeau de Mahomet. Une troupe de braves se mit en effet en marche sous les ordres du vaillant châtelain de Carac, et ils n'étaient plus qu'à dix lieues de Médine, lorsqu'ils furent surpris et attaqués par une armée musulmane accourue de l'Egypte. Après un combat opiniâtre et sanglant, la victoire se décida pour les Sarrasins. Renaud de Châtillon échappa comme par un miracle à la poursuite des infidèles et regagna avec un petit nombre de chevaliers sa forteresse de Carac.

Saladin, en apprenant l'expédition des chrétiens, qu'il regardait comme un affreux sacrilège, jura de venger l'outrage fait à la religion musulmane. Il conduisit son armée devant le château de Carac, et, pendant plus d'un mois, tout le pays environnant fut livré au pillage et à la dévastation. Ces terribles représailles ne modifièrent en rien les idées de Renaud de Châtillon. Malgré les nouvelles trêves, il continua ses excursions sur le territoire des infidèles, et ne répondit aux plaintes de Saladin que par de nouvelles attaques. Le prince infidèle résolut donc d'en finir avec les chrétiens ; il traversa le Jourdain et s'avança dans la Galilée à la tête de quatre-vingt mille cavaliers. Une grande bataille fut livrée non loin du lac de Tibériade : écrasée par le nombre, l'armée chrétienne fut anéantie. Le roi de Jérusalem, le grand maître des templiers, Renaud de Châtillon et tout ce que la Palestine avait de plus illustres guerriers, tombèrent entre les mains des musulmans.

Saladin fit dresser au milieu de son camp une tente où il reçut le roi de Jérusalem, Guy de Lusignan et les principaux chefs de l'armée vaincue. Il traita le roi des Francs avec bonté et lui fit servir une boisson rafraîchie dans de la neige.

Comme le roi, après avoir bu, présentait la coupe à Renaud de Châtillon qui se trouvait auprès de lui, le sultan l'arrêta et lui dit : « Ce traître ne doit point boire en ma présence, car je ne veux pas lui faire grâce. » Et s'adressant à Renaud, il lui fit les reproches les plus sanglants sur la violation des traités, et le menaça de la mort s'il n'embrassait la religion du prophète, qu'il avait outragée. Renaud de Châtillon répondit avec une noble fermeté et brava les menaces de Saladin, qui frappa le chevalier de son sabre. Des soldats musulmans, au signal de leur maître, se jetèrent sur le prisonnier désarmé, et la tête d'un martyr de la croix alla rouler aux pieds de Guy de Lusignan !

## COURTENAY (Josselin de).

Josselin de Courtenay, de l'une des plus anciennes et des plus illustres maisons de France, prit la croix en 1101, et suivit Étienne de Blois dans la Palestine. A l'avénement de Baudouin Ier au trône de Jérusalem, Courtenay, qui était le cousin du nouveau roi, reçut de lui en fief un certain nombre de villes situées sur les bords de l'Euphrate. Investi en 1115 de la principauté de Tibériade, Josselin de Courtenay se montra l'un des défenseurs les plus vaillants et les plus généreux du royaume de Jérusalem.

A peine Baudouin Dubourg, successeur de Baudouin Ier, venait-il de s'asseoir sur le trône, que les musulmans de la Perse, de la Mésopotamie et de la Syrie, que leurs précédentes défaites n'avaient point découragés, jurèrent d'exterminer la race des chrétiens, et marchèrent vers l'Oronte sous les ordres d'Ilgazi, prince de Maridin et d'Alep. Roger de Sicile, qui avait succédé à Tancrède dans le gouvernement d'Antioche, avait appelé à son secours le roi de Jérusalem; mais sans attendre leur arrivée, il eut l'imprudence de livrer une bataille, dont la perte devait mettre en péril toutes les colonies chrétiennes.

Une bataille fut livrée près d'Artisse, dans un lieu appelé le *champ du sang*. Accablés par le nombre, les chrétiens furent mis en déroute, et leur chef, en essayant de ramener nos soldats à l'ennemi, tomba percé de coups.

Pendant que l'armée victorieuse d'Ylgazi se répandait dans tous les pays chrétiens du voisinage, le comte d'Edesse était attaqué par Balac, neveu et successeur d'Ylgazi. Semblable, dit le chroniqueur contemporain, au lion de l'Ecriture, qui rôde sans cesse pour chercher une proie à dévorer, Balac parvint à surprendre Josselin de Courtenay et son cousin Galeran, qu'il fit conduire chargés de chaînes vers les confins de la Mésopotamie. Cette nouvelle étant parvenue à Jérusalem, le roi accourut à Edesse. Mais, emporté par son courage et victime de sa générosité, le prince tomba lui-même dans une embuscade. Balac lui fit partager la captivité de Josselin de Courtenay, dans la forteresse de Kharpont.

Les vieilles chroniques célèbrent à l'envi la valeur héroïque de cinquante Arméniens qui se dévouèrent pour la délivrance des princes chrétiens. Déguisés en marchands, ils s'introduisirent dans la citadelle de Kharpont, en massacrèrent la garnison, et, ayant brisé les fers des illustres captifs, ils sortaient avec les deux princes, lorsque tout-à-coup ils se virent cernés par les Turcs. Seul, Josselin de Courtenay trouva moyen de s'échapper, et il fit serment de laisser croître sa barbe jusqu'à ce qu'il eût amené des secours suffisants pour rendre la liberté à ses frères. Après avoir passé l'Euphrate, porté sur deux outres de peau de chèvre, le bon chevalier, à travers mille périls, arrive enfin à Jérusalem, où il déposa dans l'église du Saint-Sépulcre les chaînes qu'il avait portées chez les Turcs.

A sa voix, un grand nombre de guerriers jurent de marcher à la délivrance de leur souverain. Courtenay se met à leur tête. Mais, à la place de la forteresse de Kharpont, ils ne trouvent plus que des ruines. Balac était parti avec son prisonnier, qu'il retenait chargé de fers à Choras. On apprit en même temps qu'une armée égyptienne se rassemblait dans les plaines d'Ascalon. Les croisés marchèrent contre elle, et après l'avoir dispersée, ils allèrent mettre le siége devant Tyr, qui fut emportée au bout de six mois de lutte acharnée.

Baudouin II profita de cette circonstance pour traiter de sa rançon : il revint à Jérusalem, et là il releva de son vœu l'héroïque Josselin de Courtenay. Ce prince mourut peu d'années après. Il assiégeait un château près d'Alep, lorsqu'une tour s'écroula et le couvrit de ses ruines. Il fut transporté mourant à Edesse.

Comme il languissait dans son lit, attendant la mort, on vint lui annoncer que le sultan d'Iconium avait mis le siége devant l'une de ses places fortes. Aussitôt Courtenay fait appeler son fils, et lui ordonne d'aller attaquer l'ennemi. Le jeune Josselin hésite, et représente à son père qu'il n'a pas assez de troupes pour combattre les Turcs. Le vieux guerrier, indigné d'une telle faiblesse, voulut, avant de mourir, léguer un dernier exemple à l'héritier de sa race : mourant, il se fit porter à la tête de ses soldats dans une litière. Comme il approchait de la ville assiégée, on vint lui apprendre que les Turcs avaient décampé. Courtenay donna l'ordre d'arrêter sa litière, et, levant les yeux au ciel, comme pour remercier Dieu de la fuite des Sarrasins, il expira au milieu de ses guerriers pleins de douleur et d'admiration !

## DANDOLO.

Né à Venise d'une de ces familles qui faisaient remonter leur origine aux anciens Romains, Henri Dandolo avait, dès sa jeunesse, fixé sur lui les regards de ses concitoyens. Ayant été envoyé auprès de Manuel, empereur de Constantinople, pour réclamer des vaisseaux vénitiens que ce prince, au mépris des traités, s'obstinait à garder, Dandolo fut victime de son dévouement. Au lieu de lui donner satisfaction, le perfide Grec lui offrit pour toute réponse des bassins enflammés qui le privèrent subitement de la vue. Des historiens nationaux affirment que ce fut là l'origine de la haute fortune de cet illustre personnage. D'autres assurent que cette aventure est controuvée, et que Dandolo perdit la vue à la suite d'une blessure. Quoi qu'il en soit, il fut élu doge en 1192, et débuta par une guerre soutenue avec succès contre les Pisans.

En 1201, une circonstance inattendue vint faire jouer à Dandolo un rôle bien autrement éclatant.

Les princes chrétiens se croisaient pour la quatrième fois. Dans une assemblée tenue à Soissons, il fut décidé que l'armée sainte se rendrait par mer en Orient, et que, préalablement, six députés seraient envoyés à Venise, afin d'obtenir de la république des vaisseaux nécessaires pour le transport des hommes et des chevaux.

Dandolo qui approchait alors de sa quatre-vingt-dixième année, n'avait de la vieillesse que ce qu'elle donne d'expérience et d'habileté. Tout ce qui pouvait servir son pays enflammait son courage. Chef d'une république de marchands, le vieux doge mêlait à l'esprit de calcul qui distinguait ses compatriotes quelque chose de ce sentiment d'honneur et de cette généreuse fierté qui formaient le caractère dominant de la chevalerie.

Dandolo loua avec vivacité une entreprise qui lui parut glorieuse et dans laquelle les intérêts de sa patrie n'étaient point séparés de ceux de la religion. Les députés des princes français avaient demandé des navires de transport pour quatre mille cinq cents chevaliers, vingt mille hommes d'infanterie et des provisions pour toute l'armée chrétienne pendant neuf mois. Dandolo promit, au nom de la république, de fournir les vivres et les vaisseaux nécessaires, à condition que les croisés s'engageraient à payer aux Vénitiens la somme énorme de quatre-vingt-cinq mille marcs d'argent. Cinquante galères vénitiennes bien armées devaient accompagner l'expédition, pour faire diversion et combattre par mer, pendant que les Français combattraient par terre. En indemnité de ce sacrifice, la moitié de toutes les conquêtes faites par l'armée chrétienne devait revenir à la république.

Les députés acceptèrent sans hésitation la proposition fort peu généreuse du vieux doge, qui la présenta à la sanction du peuple réuni en assemblée générale dans l'église Saint-Marc. Lorsqu'on y eut célébré la messe du Saint-Esprit, Ville-Hardouin, maréchal de Champagne, se leva, et, s'adressant au peuple de Venise, il prononça un discours dont le naïf langage peint au vif la physionomie de cette époque héroïque de notre histoire :

« Les seigneurs et les barons de France, les plus hauts et les plus puissants, nous ont à vous envoyés pour vous prier, au nom de Dieu, de prendre pitié de Jérusalem, qui est en servage des Turcs, ils vous crient merci, et vous supplient de les accompagner pour venger la honte de Jésus-Christ. Ils ont fait choix de vous, parce qu'ils savent que nuls gens qui soient sur la mer n'ont un si grand pouvoir que vous et votre peuple. Ils nous ont recommandé de nous jeter à vos pieds, et de ne nous relever que lorsque vous aurez octroyé notre demande et que vous aurez eu pitié de la Terre-Sainte ! »

A ces mots, les députés, émus jusqu'aux larmes, se jetèrent à genoux et tendirent leurs mains suppliantes vers l'assemblée du peuple. L'émotion des chevaliers français gagna les Vénitiens : dix mille voix s'écrièrent ensemble : *Nous accordons ! nous accordons !* et la multitude qui couvrait la place de Saint-Marc poussa des acclamations si bruyantes, qu'on eût dit, pour emprunter les paroles de Ville-Hardouin, *que la terre allait se fondre et s'abîmer !*

Cependant, lorsqu'on fut au moment du départ, les croisés n'eurent pas assez d'argent pour compléter la somme promise. C'est là que le rusé Dandolo les attendait. Comme il voulait réduire la ville de Zara, échappée au joug de Venise, il offrit aux Français de faire ensemble la conquête de cette place, et de les tenir quittes pour le présent, de la somme qu'ils ne pouvaient payer.

Cette proposition fut accueillie avec faveur par la plupart des croisés qui avaient à cœur de remplir complètement leurs engagements, et ne croyaient pas faire beaucoup dans une affaire où ils n'avaient que leur sang à prodiguer. Il s'éleva cependant des murmures dans l'armée française : beaucoup de chevaliers se rappelaient qu'ils avaient fait serment de ne combattre que les infidèles, et ils ne pouvaient se résoudre à tourner leurs armes contre des chrétiens.

Pour vaincre ces nobles scrupules, Dandolo résolut de s'associer lui-même aux périls de la croisade. Le peuple ayant été solennellement convoqué dans l'église de Saint-Marc, Dandolo monta sur *le pupitre*, dit Ville-Hardouin, et demanda aux Vénitiens la permission de prendre la croix :

« Je suis accablé par les ans, leur dit-il, et le temps du repos semblait venu pour moi. Mais la gloire qui nous est promise me rend le courage et la force de braver tous les périls, de supporter les plus rudes travaux de la guerre. Si vous me permettez donc de combattre pour Jésus-Christ, et de me faire remplacer par mon fils dans l'emploi que vous m'avez confié, j'irai vivre ou mourir avec les pèlerins. »

A ce discours, tout l'auditoire fut attendri ; le peuple applaudit à la résolution du doge, qui, descendant de la tribune, se rendit à l'autel, où il fit attacher la croix sur son bonnet ducal.

Les barons et les chevaliers s'apprêtaient à s'embarquer pour Zara, lorsqu'on vit arriver, dit Ville-Hardouin, « une grande merveille, une aventure inespérée et la plus étrange dont on ait ouï parler. »

Isaac, empereur de Constantinople, avait été détrôné par son frère Alexis, abandonné de tous ses amis ; privé de la vue, le malheureux prince gémissait dans les fers.

Le fils de l'infortuné prisonnier, qui portait aussi le nom d'Alexis, ayant réussi à s'échapper de la prison où son père avait été enfermé, était venu implorer en Occident l'appui des princes chrétiens. On lui conseilla de s'adresser aux croisés, l'élite des guerriers de l'Occident. Dandolo, qui se rappelait les mauvais traitements que lui avaient fait subir les Grecs, ne laisserait pas échapper l'occasion de se venger. L'arrivée du jeune Alexis à Zara entraîna en effet tous les cœurs.

Après une longue délibération, les chefs de l'armée chrétienne décidèrent qu'elle s'embarquerait au printemps pour aller remplacer le jeune Alexis sur le trône de Constantinople.

Au jour fixé, les Vénitiens et les Français mirent à la voile pour Corfou. Après quelques semaines de séjour dans cette île, la flotte cingla vers le Bosphore, et bientôt Constantinople apparut aux regards émerveillés des guerriers de l'Occident. Bientôt la ville de Constantin fut assiégée de toutes parts, et, à la suite de plusieurs assauts dans lesquels le vieux doge aveugle fit des prodiges d'héroïsme, la place tomba au pouvoir des croisés, qui replacèrent sur le trône le vieil empereur Isaac. L'héritier du monarque, le jeune Alexis, avait promis de payer aux Latins, pour les frais de la guerre, une somme très considérable; mais chaque jour il demandait de nouveaux délais pour ce payement.

Enfin, les Grecs, outrés de ce qu'ils appelaient l'avidité des Latins, poussèrent contre la flotte chrétienne dix-sept navires remplis de feu grégeois. L'habileté des matelots vénitiens ne réussit qu'à grand'peine à sauver la flotte chrétienne d'une destruction complète.

Pendant ce temps, Alexis était étranglé par ses sujets, et Muzuphle, l'instigateur de ce meurtre, était proclamé empereur à la place de sa victime. Ce fut alors que Dandolo, dont l'énergie grandissait toujours avec le péril, ouvrit, en plein conseil des croisés, un avis qui, par son audace, étonna les plus jeunes et les plus hardis chevaliers Il leur conseilla de s'emparer du vieil empire grec.

Lors du premier siège de Constantinople, les Français avaient voulu attaquer la ville par terre ; mais, cette fois, ils se rendirent aux sages conseils de Dandolo, et résolurent, d'une voix unanime, de diriger tous leurs assauts du côté de la mer. On transporta dans les vaisseaux les armes, les vivres, les équipages, et toute l'armée s'embarqua le 8 avril 1204.

Au premier signal du combat, les Grecs firent jouer toutes leurs machines ; les croisés furent d'abord repoussés ; mais ils ne perdirent pas courage, et tentèrent un nouvel assaut peu de jours après. Dandolo, monté sur une galère, était au premier rang et animait les croisés par son exemple.

La ville fut emportée après une lutte acharnée. Dandolo, créé despote de Romanie, obtint, pour la part de la république vénitienne, la moitié de Constantinople, les îles de l'Archipel, et plusieurs ports sur les côtes de l'Hellespont, de la Morée et de la Phrygie.

Un an après l'établissement du nouvel empire latin, Dandolo mourait, plein de jours et de gloire (1205).

## JOINVILLE.

Jean, sire de Joinville, sénéchal de Champagne, avait été, dans sa jeunesse, au service du comte Thibaut de Champagne, le premier des trouvères français du treizième siècle. Ce fut à la cour de ce prince que le sire de Joinville apprit ce *biau langaige* par lequel le bon chevalier se distinguait non moins que par prouesses en guerre. La croisade de 1249 mérita à messire Jean l'amitié du saint roi Louis IX, dont il écrivit plus tard l'histoire, à la prière de la reine Jeanne de Navarre, afin que le récit de cette glorieuse et sainte vie fût un modèle au jeune Louis, arrière-petit-fils du monarque.

Nous dirons tout à l'heure quelle part le sénéchal de Champagne prit à la croisade; mais on nous permettra, préalablement, de caractériser en quelques mots ce délicieux chroniqueur.

La langue du sire de Joinville a déjà une allure toute française. Son prédécesseur, Ville-Hardouin, l'historien de la troisième croisade, s'était tout spécialement préoccupé de tracer le récit des faits militaires. Il n'introduit presque jamais le lecteur dans l'intimité de ses personnages. Joinville, au contraire, est un véritable peintre d'intérieur, et il semble se complaire, lorsqu'il raconte l'histoire de son glorieux maître, à faire connaître à ses lecteurs la vie privée du monarque dont il avait su mériter l'affection.

« Sénéchal, quelle chose est Dieu ?

— Sire, ce est si bonne chose, que meilleur ne p estre. »

Réponse d'une naïveté vraiment sublime, et qui p ei au vif la personnalité du bon chevalier.

Une autre fois, Louis IX ayant demandé à Joinville c qu'il aimerait mieux : avoir la lèpre ou faire un pèche mortel, le sénéchal, *qui onques ne li menti* (1), répond avec la même franchise, qu'il aimerait mieux en avoir fait trente que d'*estre mesiaus* (2). A ces mots, le saint roi adressa une affectueuse réprimande à son ami, lui rappelant que le péché est une hideuse lèpre de l'âme; puis, lui frappant sur l'épaule, il lui demanda s'il avait coutume de laver les pieds aux pauvres, le jeudi saint :

« Sire, répondit Joinville, en malheur, les piez de ces villains ne laverai-je (3).

— Vraiment, fist le roy, ce fut mal dit; car vous ne devez avoir en desdaing ce que Dieu fist pour notre enseignement. »

Le livre du sire de Joinville abonde de traits pareils où la nature est, pour ainsi dire, prise sur le fait.

Cependant, à la suite d'une maladie qui l'avait conduit aux portes de la mort, le roi de France avait fait le vœu d'aller combattre les infidèles dans la Terre-Sainte. Lorsque le prince commença à reprendre des forces, il réitéra son serment et demanda de nouveau *la croix d'outre-mer.*

(1) Qui jamais ne fit mensonge au roi.
(2) Que d'être lépreux.
(3) Assurément, je ne laverai point les pieds de ces villains.

En vain Blanche de Castille, l'évêque de Paris et les princes de la famille royale, cherchèrent-ils à détourner le prince de son dessein : toutes les prières furent inutiles. Jérusalem livrée au pillage, le tombeau de Jésus-Christ profané, étaient sans cesse présents à l'esprit du roi. Au milieu des angoisses de la maladie, il avait cru entendre une voix qui partait de l'Orient et qui lui adressait ces paroles : « Roi de France, tu vois les outrages faits à la cité de Jésus-Christ ; c'est toi que le ciel a choisi pour les venger! » Inébranlable dans sa résolution, Louis IX reçut la croix des mains de Pierre d'Auvergne, et il fit ses dispositions pour passer la mer.

Le sire de Joinville exprime vivement la douleur de la reine, mère du roi, en disant que, quand Blanche de Castille vit son fils croisé, *elle fut aussi transie comme si elle l'eût vu mort.*

Joinville, à qui l'abbé de Cheminon avait donné la croix, mit sa terre en gage, indemnisa ses vassaux du tort que lui ou ses officiers avaient pu leur faire, *entra dans la voie de Dieu* par maints pèlerinages aux chapelles des saints, et s'embarqua avec neuf chevaliers, ses feudataires.

Au débarquement sur la plage africaine, le sénéchal de Champagne commandait l'avant-garde de l'armée française. Le genou en terre, la pointe des boucliers et le fût des lances fichés en terre, la troupe du sire de Joinville soutint vaillamment l'impétueuse charge des mamelucks. Chaque nuit, au canal d'Aschmoum, où l'armée se consuma en stériles efforts pour jeter une digue, le bon sénéchal gardait les grosses tours en bois que l'ennemi attaquait sans cesse avec le feu grégeois. Menacé d'être brûlé avec ses tours ou de perdre son honneur en abandonnant le poste confié à son courage, dès que le sire de Joinville voyait, pour emprunter son langage pittoresque, *la queue lumineuse de ce dragon sifflant* sillonner les ténèbres, il tombait en prières, *à coudes et à genoux*, tandis que son souverain, joignant les mains, s'écriait de son côté : « Bon sire Dieu, sauve moi et ma gent! »

Entraîné par le téméraire comte d'Artois dans cette charge d'avant-garde qui fit couler à flots le sang des chevaliers français dans les plaines de la Massoure, Joinville fit mordre la poussière à un cavalier sarrasin. Démonté et foulé aux pieds des chevaux, enveloppé dans une masse d'où il fut dégagé par le roi en personne, le sénéchal se porta, sans ordres, à la défense d'un pont dont la prise eût mis le prince dans le plus grand péril.

Cependant, décimée par le fer de l'ennemi, la famine et la dyssenterie, l'armée chrétienne dut songer à la retraite.

Le sire de Joinville a peint en maître cette scène de désordre. Ici, ce sont des galères qui s'éloignent avant l'arrivée du roi et des chevaliers sur le rivage ; là, une nuée de bédouins, à la clarté des torches, égorgent sans merci les pauvres malades qui attendent, sur la grève, l'arrivée des navires. Le bâtiment qui portait le sénéchal de Champagne jeta l'ancre au milieu de ces dangers. Bientôt une galère du soudan aborde le vaisseau du chevalier; celui-ci ne dut la vie qu'aux efforts d'un renégat allemand qui lui fit un rempart de son corps en s'écriant que Joinville était le cousin du roi de France.

Quand les mamelucks révoltés eurent égorgé leur soudan, Joinville faillit, une seconde fois, être massacré par les infidèles. Une vingtaine de Sarrasins, armés de haches, se jetèrent sur la galère du sénéchal. Joinville se mit à genoux, et, tendant le cou devant un jeune Sarrasin qui tenait à sa main une hache de charpentier, il lui dit avec la résignation d'un vrai chevalier chrétien : « Ainsi mourut sainte Agathe ! »

Mais l'amour du gain l'emporta sur la soif du sang dans le cœur des Sarrasins : la liberté du chevalier et de ses gens fut accordée moyennant trente mille livres.

Pendant le séjour de saint Louis en Syrie, Joinville, à la tête de cinquante lances, fit partie de la maison militaire du roi, et, au siège de Césarée, il donna de nouvelles preuves de son brillant courage. A la mort de la reine Blanche, saint Louis s'étant décidé à rentrer en France, Joinville s'embarqua sur le vaisseau monté par le roi, et, après deux mois de navigation, il prit terre au port d'Hyères, en Provence. Ce fut avec une joie inexprimable que le bon sénéchal revit les tourelles de son manoir de Joinville, dont il avait dit, en termes si touchants, à son départ : *Je ne voulus onques retourner mes yeux vers Joinville, pource que le cuer (cœur) ne me attendrisist du biau chastel que je lessoie et de mes deux enfants !*

Joinville refusa de prendre part à la deuxième croisade de saint Louis, en 1267. Il voulait, disait-il, cicatriser les plaies faites en son absence et dédommager ses vassaux de tout le mal dont on les avait accablés pendant pèlerinage de leur seigneur.

## LOUIS IX (Saint Louis), ROI DE FRANCE.

Dans la dernière moitié de l'année 1244, de nouvelles calamités, plus terribles que toutes celles des siècles antérieurs, étaient venues coup sur coup frapper les chrétiens de la Palestine. L'Occident avait retenti des gémissements poussés par les fidèles de la Terre-Sainte.

Mais le temps n'était plus où ces récits, colportés de châteaux en châteaux, faisaient prendre les armes aux princes, aux grands barons et jusqu'aux derniers de leurs vassaux. On ne voyait plus dans les croisades que de grands périls, d'inévitables revers, et la pensée d'arracher aux infidèles la cité de Dieu, le tombeau du divin Maître, réveilla plus d'alarmes que d'enthousiasme.

Tel était, en France même, l'état presque général des esprits, lorsque Louis IX tomba dangereusement malade, « et tellement fut bas, dit Joinville, qu'une des dames qui le gardoit en sa maladie, cuidant (1) qu'il fût outrepassé (2), lui voulut couvrir le visage d'un linceul, disant qu'il étoit mort. » La cour, la capitale, les provinces étaient plongées dans la douleur la plus profonde. De tous côtés les populations adressaient au ciel de ferventes prières pour la conservation de leur excellent souverain. T...

(1) Croyant.
(2) Trépassé.

à-coup, le bruit se répand que Louis IX est revenu des portes du tombeau, et que le premier usage qu'il a fait de la parole, en sortant de son assoupissement, a été de demander la croix et d'annoncer sa résolution d'aller en Terre-Sainte.

Et, en effet, malgré les supplications de sa mère, la reine Blanche de Castille, et malgré les prières de tous ses conseillers, le pieux monarque, à peine rétabli, fit annoncer par tout son royaume qu'il irait guerroyer pour la délivrance du saint tombeau.

Afin de donner plus de solennité à la publication de la croisade, Louis IX convoqua à Paris un parlement où se trouvèrent les prélats et les plus grands du royaume. Saint Louis y rappela à ses barons et à ses chevaliers l'exemple de Louis-le-Jeune et de Philippe-Auguste; il exhorta au nom de la religion et de l'honneur, tous les barons qui l'écoutaient, à prendre les armes pour aller défendre la foi de Jésus-Christ et la gloire du nom français en Orient. Cet appel chevaleresque excita un enthousiasme général. Trois princes du sang, les comtes d'Artois et de Poitiers, le duc d'Anjou, frères du roi, s'empressèrent de prendre la croix. Les plus grands feudataires du royaume suivirent cet exemple. Le duc de Bourgogne, les comtes de Soissons, de Blois, de Rhetel, etc., Pierre de Dreux, duc de Bretagne, jurèrent aussi de quitter la France.

Louis IX s'occupait sans cesse des préparatifs de son départ. Il fit l'acquisition du territoire d'Aigues-Mortes en Provence, il en fit nettoyer le port encombré par les sables, et donna l'ordre de bâtir sur le rivage une ville assez vaste pour recevoir la foule des pèlerins.

Le bruit de ces préparatifs frappa de terreur les princes

musulmans de la Palestine ; et les chroniqueurs contemporains assurent que la mort du roi de France fut décrétée dans les conseils du *Vieux de la montagne.*

Cependant, trois ans s'étaient écoulés depuis que Louis IX avait pris la croix. Il convoqua à Paris un nouveau parlement et fixa le départ de la sainte expédition pour le mois de juin 1248. Le monarque profita du moment où les grands du royaume étaient rassemblés au nom de la religion, pour leur faire prêter serment de foi et hommage à ses enfants, et pour les faire jurer, ce sont les expressions de Joinville, *que loyauté ils porteroient à sa famille, si aucune malle chose avenoit de sa personne au saint veyage d'oultre-mer.*

Les chefs de la croisade entraînèrent à leur suite presque toute la jeunesse en état de porter les armes ; beaucoup de châteaux, de forteresses, demeurèrent comme abandonnés, disent les chroniques contemporaines, et tombèrent bientôt en ruines. Un spectacle attendrissant, c'était de voir les familles des pauvres paysans et des ouvriers des villes conduire eux-mêmes leurs enfants aux chevaliers et aux barons. « *Vous serez leur père et leur mère,* disaient, en pleurant, ces bonnes gens, *vous veillerez sur eux au milieu des périls de la guerre sur terre et sur mer.* » Et les barons, émus jusqu'aux larmes, dévouaient d'avance à la colère de Dieu quiconque manquerait à une promesse aussi sacrée.

Le 25 août 1248, le roi s'embarqua à Aigues-Mortes, suivi de ses deux frères et de sa femme, la reine Marguerite, qui ne redoutait pas moins de rester avec Blanche de Castille que de vivre loin de son époux. Quand toute l'armée des croisés fut embarquée, on donna le signal du départ; les matelots, suivant l'usage du temps, entonnèrent en chœur le *Veni Creator*, et la flotte mit à la voile au bruit des applaudissements d'une foule immense accourue sur le rivage.

La renommée avait annoncé dans tout l'Orient l'arrivée des Français, et cette nouvelle produisait la plus profonde sensation parmi les infidèles.

Les Orientaux regardaient les Français comme les plus braves des Européens, et le roi de France comme le plus redoutable des monarques de l'Occident. Aussi, les musulmans ne négligèrent-ils rien pour fortifier les côtes de l'Egypte et Damiette, qui devait être l'objet des premières hostilités.

Cependant, de l'île de Chypre, où elle avait d'abord abordé, la flotte française s'était dirigée vers Damiette. Le quatrième jour, on entendit le pilote du premier vaisseau s'écrier : « *Gloria in excelsis!* Que Dieu nous soit en aide! Nous voici devant Damiette! »

Aussitôt ces paroles se répètent de navire en navire. Toute la flotte entoure le vaisseau royal. Les principaux chefs s'empressent d'y monter, et là, saint Louis, le front rayonnant d'enthousiasme, leur adresse les paroles suivantes :

« Chevaliers, gardez-vous de croire que le salut de l'Eglise et de l'Etat réside dans ma personne ; vous êtes vous-même l'Etat et l'Eglise, et vous ne devez voir en moi qu'un homme ordinaire, qu'un homme dont la vie peut se dissiper comme l'ombre, quand il plaira au Dieu pour qui nous combattons. Donc, laissez-moi affronter les périls, et combattre au premier rang en soldat de la croix ! »

Ce discours, dans lequel le roi très chrétien s'assimilait aux simples guerriers de son armée, y excita un grand enthousiasme. Dans chaque navire les guerriers s'embrassaient de joie à l'approche du combat.

Cependant la flotte chrétienne s'avance en ordre de bataille et vient jeter l'ancre à un quart de lieue de la côte. Toute la mer, dit Joinville, était couverte de navires sur lesquels on voyait flotter l'étendard de la croix. L'escadre musulmane, chargée de soldats et de machines de guerre, défendait l'entrée du Nil. Fakreddin, le chef de l'armée infidèle, apparaissait au milieu de ses guerriers dans un appareil éblouissant. « Le souldan, dit le sire de Joinville, portoit des armes de fin or si très reluisant, que, quand le soleil y frappoit, il sembloit que ce fût proprement le soleil. Le tumulte qu'ils menaient avec leurs cors et nacaires (tambours) estoit une épouvantable chose à ouïr et moult estrange aux François. »

Au moment de la descente, les guerriers chrétiens passèrent dans les barques qui suivaient la flotte, et se rangèrent en deux lignes. Louis IX se plaça à la pointe droite, accompagné des deux princes ses frères et de l'élite des barons.

Le comte de Jaffa était à la pointe gauche, vers l'embouchure du Nil. Erard de Brienne et Baudoin de Reims occupaient le centre de la ligne, et sous leurs ordres combattait le sire de Joinville. Aussitôt qu'on fut à la portée du trait, une nuée de pierres et de flèches partit en même temps du rivage et de la ligne des croisés. Le roi ordonne alors de redoubler d'efforts. Armé de pied en cap, le bouclier sur la poitrine et l'épée à la main, le prince s'élance au milieu des vagues et entraîne à sa suite toute l'armée chrétienne, qui se jette à la mer aux cris de *Montjoie-Saint-Denis!*

Joinville et Baudoin de Reims prirent terre les premiers. Ils se formaient en bataille avec leurs chevaliers, lorsque la cavalerie des Sarrasins se précipita sur eux avec la furie d'un ouragan. Les croisés résistèrent vaillamment au choc. Déjà l'oriflamme avait été arborée sur le rivage, et la chevalerie royale accourait à toutes brides. Rien ne put résister aux Français, animés par la présence et par l'exemple de leur roi. Damiette fut emportée sans coup férir.

Après cette victoire, il eût fallu poursuivre l'œuvre commencée. Mais Louis IX voulut attendre, pour poursuivre ses conquêtes, l'arrivée de son frère le comte de Poitiers, qui avait dû s'embarquer avec l'arrière-ban du royaume de France. Ce retard, au dire de la plupart des chroniqueurs contemporains, fut la cause de tous les désastres qui arrivèrent par la suite.

Ce ne fut que vers la fin du mois d'octobre 1249 que le comte débarqua devant Damiette. Son arrivée ranima l'espérance parmi les croisés. Plusieurs chefs proposèrent d'aller mettre le siège devant Alexandrie. Mais le jeune et brillant comte d'Artois s'étant écrié, dans le conseil, que *lorsqu'on voulait tuer le serpent il fallait d'abord lui écraser la tête*, son avis l'emporta, et il fut décidé que l'armée marcherait vers le Caire, capitale de l'Égypte.

L'armée française arriva devant le canal d'Aschmoum-Thenach le 19 décembre 1249. A peine les croisés avaient-ils assis leur camp et commencé les travaux nécessaires pour le passage de l'Aschmoum, que Fakreddin fit attaquer les derrières de l'armée chrétienne. Chaque jour, les tours de bois, construites par les croisés, étaient inondées de feu grégeois lancé par l'ennemi dans des tubes d'airain.

Les chrétiens étaient depuis un mois devant l'Aschmoum, s'épuisant en efforts inutiles, lorsqu'un Arabe-bédouin vint proposer au sire de Beaujeu, connétable de France, de lui montrer, à une demi-lieue du camp, un gué par lequel les croisés pourraient passer sans obstacle et sans danger.

Après s'être assuré que l'Arabe avait dit la vérité, le roi et les princes ses frères, avec toute la cavalerie, se mirent en marche au milieu de la nuit. Au lever du jour tous les escadrons qui devaient traverser le canal attendaient le signal sur la rive.

Le comte d'Artois voulut passer le premier. Saint Louis, qui connaissait l'impétueuse valeur de son jeune frère, essaya d'abord de le retenir, mais Robert insista vivement et jura sur les saints qu'il n'entreprendrait rien que le roi ne fût passé. Le roi eut l'imprudence de croire à cette promesse, faite par un jeune chevalier français, de résister à l'enivrement du champ de bataille et à la tentation de la gloire. Le comte d'Artois se mit donc à la tête des hospitaliers, des templiers et d'une troupe de chevaliers anglais commandés par le comte de Salisbury. Trois cents Sarrasins, qui veulent barrer le chemin aux croisés, sont taillés en pièces. Il fallait s'arrêter là. Mais la *furie* française s'est emparée de Robert d'Artois. Il s'élance dans la plaine, l'épée à la main, et poursuit les Sarrasins jusque dans leur camp, où il pénètre avec eux.

Fakreddin, le chef de l'armée infidèle, était alors au bain. Il monte à cheval presque nu, rallie ses troupes et les mène au combat. Mais rien ne peut résister à la valeur française : les musulmans, frappés de terreur, se débandent et s'enfuient en désordre vers Mansourah.

Le grand maître des templiers s'efforce alors d'arrêter le comte d'Artois. Mais ce prince répond avec emportement aux conseils de l'expérience. Dans sa fureur, il accuse les templiers de trahison.

Le comte de Salisbury, qui essaye, à son tour, de faire comprendre au frère du roi le danger du fractionnement de l'armée chrétienne, n'est pas mieux écouté : *Les timides conseils*, s'écrie Robert d'Artois, *ne sont pas faits pour nous!* Ces paroles mirent fin à toute représentation. Anglais. Français, templiers, hospitaliers, tous s'élancent à la poursuite de l'ennemi, tous volent vers Mansourah, où ils pénètrent sans coup férir.

Mais bientôt les musulmans s'aperçoivent du petit nombre de leurs ennemis. Des mamelucks, *lions des combats*, dit l'historien arabe, se précipitent sur les Francs *comme une furieuse tempête*; les croisés, qui viennent de mettre en fuite une armée, sont enfermés dans la ville dont tout à l'heure ils étaient les maîtres.

Ce premier échec jeta le désordre dans le gros de l'armée chrétienne, qui venait de dépasser le canal. La plaine de Mansourah (la Massoure) devint le théâtre d'une foule de petits combats sans aucune importance.

Pendant ce temps, les cavaliers musulmans arrivaient de tous côtés. La confusion commençait à gagner la troupe qui avait volé au secours du comte d'Artois, lorsque tout-à-coup le bruit des trompettes et des clairons annonça l'arrivée du roi de France. « Là où j'étais avec mes chevaliers, dit Joinville, qui avait été blessé, vint le roi avec toute sa bataille, avec grande noise et grand bruit de trompettes, et il s'arrêta sur un chemin levé; mais oncques (1) si bel homme armé ne vis, car il paraissoit au-dessus de toute sa gent dès les épaules en haut (2), un heaume (3) d'or à son chef, une espée d'Allemaigne en sa main. »

Les chevaliers qui suivaient le roi, à la vue de leurs compagnons aux prises avec les Sarrasins, se précipitent à leur secours. Chacun s'élance sans ordre, sans regarder derrière soi. De là, la plus effroyable des confusions.

En ce moment, on annonce que Bibars, le nouveau chef de l'armée infidèle, se dirige du côté du canal pour livrer une bataille décisive. Louis IX ordonne à ses troupes de se replier, pour n'être pas enveloppées. Déjà l'oriflamme, portée à la tête des bataillons, leur marquait la route qu'ils devaient suivre, lorsqu'un exprès du comte de Poitiers vient annoncer au roi que c'en est fait du prince si on ne se hâte de lui porter secours. Louis s'arrête un moment : des renforts sont envoyés aux Poitevins; des chevaliers, d'un autre côté, se dirigent vers Mansourah pour dégager le comte d'Artois.

Mais voici qu'une panique se répand dans l'armée chrétienne : le bruit court que le roi vient d'ordonner la retraite devant les infidèles victorieux. Plusieurs escadrons tournent bride et s'enfuient vers le canal. En ce moment suprême, saint Louis fit preuve d'un sang-froid et d'un courage incomparables. Resté presque seul dans la mêlée, il est entouré par six cavaliers sarrasins. Le prince leur

---

(1) Jamais.
(2) De toute la hauteur des épaules.
(3) Casque d'or à sa tête.

résiste, les met en fuite et parvient, à force d'héroïsme, à ranimer l'ardeur de ses troupes effrayées.

Pendant ce temps, les chevaliers renfermés dans Mansourah succombèrent presque tous en même temps sous le fer des musulmans : Salisbury fut tué à la tête de ses vaillants Anglais ; le sire de Coucy, après des prodiges de valeur, expira sur un monceau de cadavres. Le comte d'Artois, retranché dans une maison, avec un petit nombre de chevaliers, succomba le dernier au milieu du carnage et des ruines.

Lorsqu'on eut trouvé le corps de ce prince, les mamelucks montrèrent sa cuirasse semée de fleurs de lis, en disant que c'était la dépouille du roi de France. Cette vue exalta jusqu'au fanatisme l'enthousiasme des infidèles. Ils vinrent offrir la bataille aux chrétiens le premier vendredi du carême 1250. La lutte fut atroce : les croisés, atteints par le feu grégeois, qu'ils ne pouvaient éteindre, couraient çà et là en poussant des cris affreux. Le roi combattit avec son héroïsme ordinaire, au milieu des flammes qui l'environnaient, et il força à la fin les Sarrasins à abandonner le champ de bataille.

Cependant les chrétiens allaient se trouver en butte à un fléau plus redoutable pour eux que celui de la guerre en pays infidèle : une maladie contagieuse se déclara dans l'armée et y répandit l'épouvante.

Au milieu de cette épidémie, saint Louis se montra ce qu'on l'avait vu sur le champ de bataille ; bravant la mort, il ranimait les plus faibles par son exemple et par ses discours. En vain ses serviteurs le conjurèrent-ils de ménager ses jours si précieux pour son armée.

« Mon devoir, répondait le prince, c'est de mourir ici,

s'il le faut, avec ceux dont Dieu m'a confié la garde. »

L'armée ne pouvant plus songer à combattre, on se décida à la retraite.

Louis fit embarquer sur le Nil les malades et les blessés, et quoiqu'atteint lui-même du fléau, il ne voulut partir qu'avec l'arrière-garde.

Le roi de France, qui était arrivé presque mourant à Minieh, éprouva le sort des autres croisés : il fut fait prisonnier par les Sarrasins et conduit, chargé de chaînes, à Mansourah.

Ce que la misère et l'infortune ont de plus amer pour les plus grands de la terre ne servit qu'à faire éclater, dans Louis IX, le caractère d'un grand roi et les vertus d'un chevalier chrétien. Privé de tout secours, au milieu de sa maladie, il n'adressa jamais une prière à ses vainqueurs, et sa fierté ne s'abaissa jamais au langage de la soumission. Les musulmans eux-mêmes admiraient cette résignation héroïque !

Lorsque le sultan du Caire offrit au prince de lui rendre la liberté pour huit mille besants d'or, il répondit qu'un roi de France ne se rachetait pas pour de l'argent, qu'il donnerait la ville de Damiette pour sa personne et les huit mille besants d'or (sept millions de francs) pour son armée. Le traité fut conclu ; mais, au moment où il allait être mis à exécution, le sultan d'Égypte fut assassiné dans sa tente par les mamelucks.

Après cette scène sanglante, trente officiers sarrasins, l'épée à la main et portant au cou des haches d'armes, se précipitèrent sur une galère où se trouvaient le duc de Bretagne, le comte de Montfort, le sire de Joinville, et ils firent croire aux prisonniers que leur dernière heure était venue. Pendant ce temps, le roi, renfermé dans sa tente avec ses frères, était en proie à une affreuse anxiété : il croyait entendre les cris de ses chevaliers qu'on massacrait. Tout-à-coup, le chef des mamelucks, Octaï, se présente devant Louis IX, portant à la main son épée couverte de sang :

« Roi, dit-il, le sultan Almoadan est mort ; que me donneras-tu pour t'avoir délivré d'un tel ennemi ? »

Mais saint Louis, rapporte Joinville, *ne li répondit oncques rien*. Alors le mameluck, présentant au roi de France la pointe de son épée :

« Est-ce que tu ne sais pas que je suis maître de ta personne ? Fais-moi chevalier, ou tu es mort !

— Fais-toi chrétien, répliqua le monarque, et je te ferai chevalier ! »

Réponse sublime qui apaisa la fureur de l'infidèle et accrut le respect que saint Louis inspirait aux Sarrasins, lesquels le proclamaient *le plus fier chrétien qu'on eût jamais vu en Orient !*

Enfin, le roi fut libre, et, après avoir séjourné trois ans en Palestine, il revint dans ses États, où le rappelait la mort de sa mère, le 10 juillet 1254.

Quatorze ans plus tard, Louis IX faisait une seconde fois le vœu d'aller combattre les infidèles. Dès que les préparatifs de la croisade furent achevés, le roi s'embarqua à Aigues-Mortes, avec ses trois fils et une armée de soixante mille hommes. Charles d'Anjou, roi de Naples, qui devait réunir ses forces à celles de saint Louis, avait fait décider qu'on commencerait par attaquer le royaume de Tunis.

Dans une lettre adressée à Mathieu, abbé de Saint-Denis, le roi de France racontait lui-même, en ces termes, les premiers événements de la croisade, sur le rivage africain :

« Nous sommes arrivés à la vue de Tunis le jeudi d'avant la fête de sainte Marie-Madeleine ; le vendredi, nous avons pris terre sans aucun obstacle ; après avoir fait débarquer nos chevaux, nous nous sommes avancés jusqu'à l'ancienne ville qu'on nomme Carthage, et nous avons dressé notre camp. Nous avons avec nous notre frère Alphonse, comte de Poitiers et de Toulouse. Nos enfants Philippe, Jean et Pierre, notre neveu Robert, comte d'Artois, et nos autres barons.... nous jouissons tous, grâce à Dieu, d'une santé parfaite. Nous vous annonçons qu'après avoir pourvu à tout ce qui était nécessaire, nous avons, avec le secours de Dieu, emporté d'assaut la ville de Carthage, où nombre de Sarrasins ont été passés au fil de l'épée. »

Lors de sa première expédition en Afrique, en 1243, saint Louis avait fait échouer la croisade en restant sur la défensive jusqu'à l'arrivée de son frère le comte de Poitiers. Le roi commit la même faute en 1270, en refusant de commencer la guerre avant l'arrivée de Charles d'Anjou, roi de Sicile. Cette résolution fatale perdit l'armée. Campée dans des plaines brûlantes où elle manquait d'eau, où elle n'avait pour toute nourriture que des viandes salées, elle fut bientôt décimée par la dyssenterie, à laquelle succéda un fléau encore plus terrible, la peste.

Saint Louis tomba malade, et les progrès du mal furent si rapides, que l'on désespéra bientôt de sa vie. Au milieu de ses souffrances, Louis IX ne se préoccupait que des dangers de son armée : « O mon Dieu ! s'écriait-il, ayez pitié de ce bon peuple qui m'a suivi sur ce rivage; faites qu'il ne tombe pas entre les mains de vos ennemis et qu'il ne soit pas contraint de renier votre saint nom ! »

Lorsque le roi sentit qu'il touchait à ses derniers moments, il se fit placer sur un lit de cendres, et, les bras croisés sur la poitrine, les yeux levés au ciel, il expira le 25 août 1270 en prononçant ces paroles du *Psalmiste* :

« *Seigneur, j'entrerai dans votre maison, et je vous adorerai dans votre saint tabernacle!* »

Ce jour-là même, Charles d'Anjou débarqua, avec son armée, non loin de Carthage. Les trompettes et les instruments de guerre se firent entendre sur les grèves. Mais, du camp des croisés, pas le moindre bruit ne répondit à ces fanfares. Un silence de mort régnait parmi les troupes du roi, et pas un soldat n'alla au-devant des Siciliens si impatiemment attendus.

Poursuivi par de tristes pressentiments, Charles d'Anjou devance son armée, il court, il vole à la tente du roi, qu'il trouve étendu sur sa couche funèbre, environné de ses serviteurs en deuil !

La vie de saint Louis, nous l'avons dit plus haut, a été écrite par son ami et fidèle compagnon, le sénéchal de Champagne. La sublimité de cette vie a excité dans le monde une admiration si profonde, que jamais insulteur n'a osé s'y attaquer. « Louis IX, a dit Voltaire, paraissait un prince destiné à réformer l'Europe, si elle avait pu l'être. Il a rendu la France triomphante et policée, et il a été en tout le modèle des hommes. Sa piété, qui était celle d'un anachorète, ne lui ôta point les vertus royales, sa libéralité ne déroba rien à une sage économie ; il sut accorder une politique profonde avec une justice exacte, et peut-être est-il le seul souverain qui mérite cette louange. Prudent et ferme dans le conseil, intrépide dans les combats sans être emporté, compatissant comme s'il n'avait jamais été que malheureux, *il n'est guère donné à l'homme de pousser plus loin la vertu.* »

Cet éloge, dans la bouche d'un Voltaire, en dit plus que tous les panégyriques.


## MELIK-EL-ADEL (MALEK-ADEL).


Malek-Adel, sultan d'Egypte et de Damas, de la dynastie des Ayoubides, était le frère puîné du célèbre Saladin, dont il avait l'ambition et les talents. Gouverneur de l'Egypte pour son frère, il leva une flotte qui arrêta les courses de Renaud de Châtillon dans la mer Rouge, et une armée qui vainquit, en Arabie, l'audacieux croisé, et l'empêcha de s'emparer de Médine et de la Mecque.

Lorsque Jérusalem eut ouvert ses portes à Saladin, en 1187, Malek-Adel fut ému de pitié à la vue des malheureuses familles chrétiennes que le sort de la guerre forçait à quitter la ville sainte, quatre-vingt-huit ans après sa conquête par Godefroi de Bouillon. Les historiens arabes rapportent qu'il racheta de ses deniers plus de deux mille captifs chrétiens. Toutefois, le prince infidèle n'en continua pas moins de faire une guerre acharnée aux adorateurs du vrai Dieu. Il se couvrit de gloire à Ptolémaïs et contribua puissamment à la longue résistance de cette ville contre les forces combinées de Philippe-Auguste et de Richard Cœur-de-Lion.

On a souvent comparé le siége de Saint-Jean-d'Acre (Ptolémaïs) au fameux siége de Troie. Ce rapprochement, en effet, ne manque pas de vérité. Les guerriers chrétiens et musulmans se provoquèrent souvent, dans des combats singuliers, à la manière des héros d'Homère, et des femmes, couvertes du casque et de la cuirasse, disputèrent plus d'une fois aux guerriers le prix de la bravoure.

Après comme avant la prise de Ptolémaïs, Malek-Adel avait été chargé par Saladin d'entrer en négociation avec Richard d'Angleterre. Les chroniques arabes et chrétiennes rapportent, à peu près dans les mêmes termes, que le monarque anglais et le prince arabe en vinrent jusqu'à conclure un traité dans lequel les intérêts de Malek-Adel figuraient en première ligne. La veuve de Guillaume de Sicile fut proposée au frère de Saladin. Les deux époux devaient régner ensemble sur les musulmans et les chrétiens, et gouverner le royaume de Jérusalem. L'historien Baha-Eddin fut chargé de communiquer cette proposition au sultan, qui l'adopta sans répugnance.

Mais le traité demeura sans exécution, parce que la reine de Sicile, soutenue par le clergé qui protestait contre cette alliance impie, déclara qu'elle ne consentirait à accepter Malek-Adel pour époux que quand il aurait abjuré l'islamisme. Les auteurs arabes prétendent que ce projet échoua pour une autre cause, et l'un d'eux ajoute que *cette cause était connue de Dieu seul.*

Quoi qu'il en soit, Richard et Malek-Adel (les chroniques chrétiennes représentent ce dernier comme *un ami des Francs*) se témoignèrent des égards qui ressemblaient à une amitié réciproque. Les historiens musulmans rapportent même que, après la délivrance de Jaffa par le roi au cœur de lion, Malek-Adel, plein d'admiration pour l'héroïsme de Richard, lui envoya deux magnifiques chevaux arabes sur le champ de bataille. Plus tard, les croisés furent admis à la table de Saladin et de Malek-Adel, et les émirs reçus à celle des princes chrétiens.

La chevalerie, à la fin de ce siècle, avait brillé d'un tel éclat, elle était tellement en honneur, même parmi les infidèles, que Saladin voulut en connaître les statuts, et que Malek-Adel envoya son fils aîné au roi d'Angleterre, pour que le jeune prince musulman fût reçu chevalier dans l'assemblée des barons et des seigneurs chrétiens.

Cependant, Saladin était mort sans avoir réglé l'ordre de sa succession. Un de ses fils, qui commandait en Egypte, se fit proclamer sultan du Caire; un autre s'empara de la principauté d'Alep, un troisième du gouvernement de Damas. Quant à Malek-Adel, il se borna à se faire reconnaître comme souverain d'une partie de la Mésopotamie et de quelques villes voisines de l'Euphrate. Les princes et les émirs ne cessèrent pas de respecter la vieille expérience de Malek-Adel et de le prendre pour arbitre de tous leurs différends. Les guerriers, qu'il avait si souvent conduits aux combats; les peuples, qu'il avait tant de fois étonnés par ses exploits, invoquaient son nom dans les revers et dans les périls.

Le jour n'était pas loin où le frère de Saladin devait

réunir sous un même sceptre la plupart des provinces conquises par le célèbre sultan.

Après le départ du roi d'Angleterre, l'ambition et la jalousie avaient divisé les ordres du Temple et de Saint-Jean. Au milieu de ces fatales discordes, le sort des chrétiens de la Palestine devenait de jour en jour plus précaire. Dans cet état de choses, rien ne semblait annoncer une nouvelle croisade. Cependant, en 1197, une flotte nombreuse déposait sur les rivages de la Palestine une formidable armée de guerriers allemands.

Malek-Adel, sur qui les musulmans avaient les yeux fixés chaque fois que l'islamisme était menacé, partit de Damas et se rendit à Jérusalem, d'où il sortit, peu de temps après, avec une nombreuse armée, pour aller mettre le siège devant Jaffa.

Lorsqu'on apprit à Ptolémaïs que la ville de Jaffa était menacée, Henri de Champagne, ses barons et ses chevaliers, prirent les armes pour la défendre. Les trois ordres du royaume allaient se mettre en marche lorsque le roi de Jérusalem périt écrasé par la chute d'une fenêtre sur laquelle il s'appuyait. Les chrétiens pleuraient encore la mort de leur souverain, quand ils apprirent que Jaffa venait d'être emportée par les musulmans et toute sa garnison passée au fil de l'épée.

Cette nouvelle répandit le deuil dans toute la Palestine; mais l'arrivée de nouveaux croisés, qui venaient de vaincre les Maures sur les côtes du Portugal, rendit l'espérance aux chrétiens.

Ils sortirent de Ptolémaïs et allèrent mettre le siège devant Bérithe, ville placée à une égale distance de Jérusalem et de Tripoli, et qui, par la commodité de son port, par son commerce, par sa population, était la rivale de Tyr. C'était dans cette place que les musulmans avaient entassé tous les prisonniers faits sur les Francs dans les dernières guerres. Ainsi, si les chrétiens avaient de puissants motifs pour s'emparer de Bérithe, les infidèles n'en avaient pas de moins forts pour la défendre.

En apprenant la résolution, la marche des croisés, Malek-Adel traversa les montagnes de l'Anti-Liban et s'avança à la rencontre des croisés. Les deux armées se rencontrèrent dans les plaines qu'arrose le fleuve Eleuthère, entre Tyr et Sidon. On combattit avec des armes différentes, mais avec le même acharnement. Le succès demeura longtemps indécis. Plusieurs fois les cavaliers musulmans pénétrèrent au milieu des rangs chrétiens, mais le courage et le sang-froid de ces derniers triomphèrent de toutes les attaques. Les bords de la mer, le penchant des montagnes étaient couverts de morts. Un grand nombre d'émirs étaient tombés percés de coups sur le champ de bataille. Malek-Adel, qui avait déployé dans cette journée toute l'habileté d'un grand capitaine, ne dut son salut qu'à la vitesse de son cheval.

A la suite de cette victoire, toutes les villes de la côte de Syrie, qui appartenaient encore aux infidèles, tombèrent au pouvoir des chrétiens. Laodicée, Giblet, Sidon, ouvrirent leurs portes aux vainqueurs. Bérithe n'essaya même pas de se défendre. La conquête de cette place livra aux chrétiens d'immenses richesses, et donna la liberté à neuf mille captifs impatients de reprendre les armes contre l'islamisme.

Un an après (1198), Malek-Adel livrait aux chrétiens une autre bataille à quelque distance de Jaffa. Mais là encore il fut vaincu, après avoir rempli avec éclat, comme toujours, son double devoir de général et de soldat.

Cependant André, roi de Hongrie, accompagné des ducs de Bavière et d'Autriche, était arrivé à Ptolémaïs à la tête d'une nombreuse armée. La nouvelle croisade jeta l'épouvante parmi les infidèles. Mais Malek-Adel calma leurs alarmes en leur prédisant que cette formidable expédition finirait comme ces orages qui grondent sur le Liban et qui se dissipent d'eux-mêmes. D'après l'avis du vieux sultan, ni les armées d'Egypte ni celles de Syrie ne parurent dans la Judée. L'événement confirma, en effet, les prévisions de Malek-Adel. Après un séjour de trois mois dans la Palestine, le roi de Hongrie, désespérant du succès de la croisade, résolut tout-à-coup de retourner dans ses Etats (1217).

Vers la fin de l'année suivante, Malek-Adel, cette *épée de la religion (Seïf-Eddin)*, comme se plaisaient à le nommer les bons musulmans, mourut dans la Palestine. Les chroniqueurs chrétiens le représentent comme un prince ambitieux et cruel; les auteurs orientaux, au contraire, exaltent sa piété, sa douceur et sa justice.

Quant à la bravoure et à l'habileté du frère de Saladin, historiens francs et écrivains arabes se réunissent pour les célébrer. Par son abdication, qui avait eu lieu peu d'années après la bataille de Jaffa, le sultan *Seïf-Eddin* avait étonné l'Orient comme il l'avait autrefois étonné par ses victoires. La surprise qu'il causa ne fit qu'ajouter à sa gloire comme à sa puissance; et, pour que sa destinée fût en tout point extraordinaire, la fortune voulut qu'en descendant du trône il ne perdît rien de sa puissance et de son ascendant extraordinaire. Ses quinze fils, dont plusieurs étaient souverains, tremblaient encore devant lui, et jusqu'au jour où la tombe se ferma sur lui, son nom seul maintint la bonne harmonie dans sa famille, la paix dans les nombreuses provinces de son empire, la discipline dans les armées qu'il avait si souvent conduites à la victoire!

## MONTFERRAT (CONRAD, MARQUIS DE).

Conrad, fils de Guillaume III, marquis de Montferrat, dit *le Vieux*, portait un nom célèbre dans l'Occident. Dès sa plus tendre jeunesse, il s'était signalé dans les guerres d'Italie, en faveur du pape contre l'empereur Frédéric II. Ambitieux de toutes les gloires, le jeune capitaine voulut aussi combattre les infidèles. Il prit la croix en 1186, et fit voile, avec un certain nombre de chevaliers, vers les côtes de la Syrie. Mais une tempête l'ayant poussé dans le Bosphore, il fut reçu avec une joie extrême par l'empereur Isaac l'Ange, qui le mit à la tête de ses troupes pour combattre ses sujets révoltés. Conrad dissipa la sédition, tua sur le champ de bataille le chef des rebelles, et reçut, pour prix de son courage et de ses services, la main de la princesse Théodora, sœur de l'empereur, et le titre de césar. Mais, peu touché de tous ces honneurs, le marquis de Montferrat se dérobe à la tendresse de sa femme, à la reconnaissance de son beau-frère, pour aller chercher de nouvelles aventures dans la Palestine. Le vaisseau qui portait Conrad aborda sur les côtes de la Phénicie, quelques jours après la destruction de l'armée chrétienne au lac Tibériade. Avant l'arrivée du prince, les habitants de Tyr, instruits de cette effroyable catastrophe, avaient nommé des députés pour aller demander une capitulation à Saladin. L'arrivée de Conrad ranima les courages abattus. Tout changea de face. Le marquis de Montferrat se fit donner le commandement de la ville, agrandit les fossés, répara les fortifications. Les habitants de Tyr, naguère frappés de terreur, devinrent des guerriers invincibles sous le commandement de leur vaillant chef, auquel les musulmans, dans leur style figuré, prodiguaient les épithètes les plus caractéristiques. Pour les infidèles, en effet, Conrad se montra *le loup chrétien le plus vorace et le chien le plus rusé*. A sa voix, les Tyriens étaient toujours prêts à combattre les armées et les flottes musulmanes.

Le vieux marquis de Montferrat, père de Conrad, avait été fait prisonnier à la bataille de Tibériade, et il attendait dans les prisons de Damas que ses enfants traitassent de sa rançon. Saladin fit proposer à Conrad, non-seulement de lui rendre son père, mais encore de lui concéder en Syrie de très riches possessions, si les portes de Tyr lui étaient ouvertes. En cas de refus, le noble prisonnier devait être conduit sous les murs de la ville et exposé aux traits des assiégés. Conrad fut inflexible. Il répondit avec fierté qu'il méprisait les présents des infidèles, et que la vie de son père, si précieuse qu'elle lui parût, lui était moins chère que la défense de sa foi. Que, si Saladin était assez barbare pour faire périr un vieillard désarmé, lui, marquis de Montferrat, se glorifierait de descendre d'un martyr !

Cette réponse, connue bientôt dans toute la Palestine, excita la plus généreuse émulation parmi les chevaliers chrétiens. Les hospitaliers, les templiers, tous les survivants de Tibériade accoururent dans les murs de Tyr pour partager les périls et l'honneur d'une défense aussi héroïque. Parmi ces nouveaux venus, disent les chroniques, se faisait surtout remarquer un gentilhomme espagnol connu dans l'histoire sous le nom de *chevalier aux armes vertes*. Lui seul, dit Bernard le Trésorier, renversait des bataillons entiers ; les plus vaillants entre les musulmans tombèrent sous son épée, et Saladin avait tant d'admiration pour les prouesses du héros, qu'il lui fit faire maintes fois les offres les plus magnifiques.

De tels exemples rendirent invincibles les défenseurs de Tyr. Saladin, obligé deux fois de lever le siège de cette place, finit par y renoncer.

Conrad se fit donner la souveraineté de Tyr, qu'il avait si vaillamment défendue, et refusa, dans la suite, de rendre cette place à Lusignan, roi de Jérusalem.

Pendant le siège de Ptolémaïs, Conrad se signala par de nouveaux exploits ; mais son ambition occasionna de grands débats dans l'armée chrétienne. Ayant épousé Isabelle, sœur de la reine de Jérusalem, le marquis de Montferrat voulut se faire proclamer roi de la cité sainte à la place de Guy de Lusignan. Soutenu par le roi de France et par les templiers, Conrad avait pour adversaire le bouillant Richard, roi d'Angleterre. Après de longues discussions, les périls de l'armée, l'intérêt de la croisade, étouffèrent cette querelle. Il fut convenu que Lusignan conserverait le titre de roi pendant sa vie, et que Conrad et ses descendants lui succéderaient au royaume de Jérusalem. On convint, en même temps, que, quand l'un des deux monarques attaquerait la ville, l'autre veillerait à la sûreté du camp et contiendrait l'armée de Saladin : cet accord rétablit l'harmonie. Les guerriers chrétiens, qui avaient été sur le point de prendre les armes les uns contre les autres, ne se disputèrent plus que la gloire de vaincre les infidèles : Ptolémaïs ouvrit bientôt ses portes aux croisés.

Cependant l'armée chrétienne s'était mise en marche pour délivrer la sainte cité, et elle était arrivée sous les murs d'Ascalon, lorsque le roi Richard d'Angleterre reçut un message qui lui apprenait les complots de son frère Jean-sans-Terre contre sa couronne. Richard annonça aux chefs son prochain départ, mais il déclara en même temps qu'il laisserait trois cents chevaliers et deux mille fantassins d'élite dans la Palestine. Cette nouvelle causa une vive émotion dans l'armée, et tout le monde comprit qu'en l'absence du roi au cœur de lion il fallait un chef digne de remplacer le héros qu'on allait perdre. Conrad, que personne n'aimait, mais dont tous appréciaient l'habileté et le courage, fut désigné au roi d'Angleterre et accepté par lui.

Lorsque le marquis de Montferrat apprit cette nomination, il ne put retenir sa joie, et, en présence des envoyés de Richard d'Angleterre, il dit ces mots : *Seigneur, éloignez cette couronne de mon front, si vous ne m'en trouvez digne!*

Belles paroles, si elles eussent été sincères ! Mais, au moment où Conrad les prononçait, il venait de contracter une alliance offensive et défensive avec les infidèles !

Deux jeunes esclaves avaient quitté les jardins délicieux où le *Vieux de la montagne* les élevait pour sa vengeance. Ils se rendirent à Tyr, et, pour mieux dissimuler leur trame, ils se firent baptiser et semblèrent, disent les auteurs arabes, ne s'occuper plus que de prier le Dieu des chrétiens. Profitant du moment où la ville de Tyr célébrait par des réjouissances l'élévation de Conrad, les deux Ismaëliens l'attaquèrent à la sortie d'un festin et le tuèrent à coups de poignard en lui disant ces mots, que nous ont transmis les chroniques : « Tu ne seras plus ni marquis ni roi! »

Un historien arabe, Ibn-Alatir, prétend que Saladin avait offert dix mille pièces d'or au *Vieux de la montagne*, s'il faisait assassiner le marquis de Montferrat et le roi d'Angleterre, mais que le prince des Assassins ne jugea pas à propos de délivrer en même temps le sultan de ces deux redoutables adversaires. D'un autre côté, la chronique de Sicard affirme que l'un des meurtriers déclara qu'envoyé par son seigneur, il avait agi par ordre du roi d'Angleterre. Ce qu'il y a de certain, c'est que le marquis de Montferrat avait déshonoré son glorieux passé par un acte d'insigne félonie !

## RAYMOND, COMTE DE SAINT-GILLES ET DE TOULOUSE.

Raymond, comte de Saint-Gilles et de Toulouse, avait eu la gloire, avant de passer en Palestine avec Godefroi de Bouillon, de combattre les Maures, à côté du Cid, sous le règne d'Alphonse-le-Grand, roi d'Espagne, lequel lui avait accordé en mariage sa fille Elvire. Les vastes possessions de Raymond sur les bords du Rhône et de la Dordogne, l'illustration de sa naissance, ses nombreux combats contre les Sarrasins, l'avaient rangé, dès le principe, parmi les chefs les plus illustres de la croisade.

L'âge n'avait point refroidi chez le comte de Toulouse l'ardeur et les passions de la jeunesse. Altier, bouillant, impétueux, il n'était point aimé de ses compagnons, mais tous rendaient hommage à sa vaillance et à ses talents. Accompagné de sa femme et de sa fille, Raymond se mit à la tête d'une armée de cent mille croisés, traversa les Alpes, la Lombardie, le Frioul, et dirigea sa marche vers le territoire de l'empire grec, à travers les montagnes et les populations à demi sauvages de la Dalmatie.

Atteint, à Antiochette, d'une maladie qui le conduisit aux portes de la mort, le comte de Toulouse avait déjà été étendu sur de la cendre, lorsqu'un seigneur saxon, comme frappé d'une illumination soudaine, vint annoncer aux croisés agenouillés autour du lit de l'illustre mourant que les prières de Saint-Gilles avaient obtenu pour lui *une trêve avec la mort*.

Ces paroles, dit Guillaume de Tyr, firent renaître l'espérance parmi les assistants, et, peu de semaines après cette espèce de notification miraculeuse, le vaillant comte de Toulouse se faisait porter, dans une litière, à la tête de sa petite armée.

Pendant le règne de Godefroi de Bouillon, Raymond de Saint-Gilles prit part à tous les combats de l'armée chrétienne contre les infidèles. Au siége de Jérusalem, il se signala par des prouesses homériques. Mais l'ambition inquiète du comte de Toulouse ternit, plus d'une fois, la gloire qu'il avait conquise dans les combats. Héroïque à la bataille d'Ascalon, où les historiens arabes lui font jouer un rôle supérieur à celui de Godefroi lui-même, Raymond, par jalousie contre le duc de Bouillon, empêcha les chrétiens de mettre leur victoire à profit.

Le comte de Toulouse avait envoyé dans Ascalon, après la déroute des musulmans, un chevalier chargé de sommer la garnison de se rendre; il voulait arborer son drapeau sur la ville et retenir pour lui cette conquête, bien que Godefroi en réclamât la possession comme devant faire partie du royaume de Jérusalem. Emporté par une aveugle colère, Raymond décampa avec toutes ses troupes, après avoir fait conseiller aux assiégés de ne point se rendre au duc de Lorraine, qui allait rester seul devant leurs remparts.

La querelle élevée entre le comte de Toulouse et Godefroi devant Ascalon se renouvela, peu de jours après, devant la ville d'Arsouf, située sur les bords de la mer, à douze milles au nord de Ramla.

Le comte de Saint-Gilles, qui marchait à l'avant-garde avec sa troupe, entreprit d'assiéger la place. Mais, n'ayant pu l'emporter au premier assaut, il leva le siège, après avoir averti la garnison qu'elle n'avait rien à redouter de la petite armée du duc de Bouillon. Celui-ci, ayant à quelques jours de là fait sommer la ville de se rendre, trouva les Sarrasins tout à fait déterminés à se défendre, et, comme il apprit que leur résistance était le fruit des conseils de Raymond, il ne put retenir sa colère, et résolut de venger par les armes une si noire félonie. Il marchait contre le comte de Toulouse, qui, de son côté, venait à sa rencontre pour engager le combat, lorsque Tancrède et d'autres barons se jetèrent entre les deux rivaux, et s'efforcèrent de leur faire déposer les armes.

Après de vifs débats, Raymond, vaincu par les prières de ses compagnons et par la générosité de Godefroi, embrassa ce dernier en présence des deux armées, et, depuis ce jour, dit le chroniqueur Albert d'Aix, la bonne harmonie ne cessa de régner entre les deux chefs.

La bataille d'Ascalon fut la dernière de cette croisade. Dégagés de leur vœu, après quatre années de travaux et de périls de tous genres, les principaux seigneurs croisés ne songèrent plus qu'à quitter Jérusalem, qui, bientôt, n'allait plus avoir pour toute défense que trois cents chevaliers, la sagesse de Godefroi et l'épée héroïque de Tancrède, qui avait résolu de finir ses jours en Palestine.

Après des adieux touchants, les uns s'embarquèrent sur la Méditerranée, les autres traversèrent la Syrie et l'Asie Mineure. Leur retour en Occident fut considéré comme une sorte de miracle. On ne pouvait se lasser d'entendre le récit de leurs travaux et de leurs exploits.

Le comte de Toulouse, qui avait juré de ne plus revenir en Occident, s'était retiré à Constantinople, où l'empereur l'accueillit avec distinction, et lui donna la principauté de Laodicée.

Pendant le séjour de Raymond dans la capitale de l'empire grec, des troupes nombreuses de chevaliers occidentaux, dont l'enthousiasme avait été surexcité par la nouvelle de la prise de Jérusalem, s'étaient mis en marche vers l'Orient. A leur arrivée à Constantinople, ils se livrèrent à toutes sortes de désordres ; plus d'une fois, l'empereur fut menacé jusque dans l'enceinte de son palais, et, pour se défendre contre l'insolence des pèlerins, il fut obligé, dit la chronique, de lâcher contre eux ses léopards et ses lions. Les chefs des croisés s'efforcèrent en vain de contenir leurs soldats indisciplinés. L'empereur se vit réduit à les implorer pour avoir la paix; et ce ne fut qu'à force de présents qu'il put déterminer ses terribles hôtes à traverser le détroit de Saint-Georges.

Le comte de Toulouse fut chargé par l'empereur Alexis de conduire à travers l'Asie Mineure cette nouvelle armée de croisés. Il avait avec lui quelques chevaliers provençaux et cinq soldats grecs. Raymond eût voulu faire suivre aux troupes placées sous ses ordres la route qu'avait prise Godefroi de Bouillon. Mais les Lombards lui forcèrent la main, et il fallut les suivre sur le chemin du Korassan.

Après avoir traversé des pays presque déserts, et subi toutes sortes de privations, les croisés rencontrèrent une armée de Turcs, accourus de toutes les provinces de l'Asie Mineure, de la Syrie et de la Mésopotamie. Il fallut livrer une bataille aux infidèles. Les chrétiens combattirent avec beaucoup de résolution ; mais, comme les différents corps de l'armée n'obéissaient pas à une direction unique, ils furent successivement enfoncés par les Turcs.

Raymond, qui lutta jusqu'à la fin, se trouva tout-à-coup abandonné par ses guerriers; seul, au haut d'un rocher où il s'était réfugié, et où son épée semait la mort autour de lui, il aurait fini entre les mains ou sous les coups des infidèles, sans la généreuse bravoure du comte de Blois. Cette journée fut désastreuse pour les chrétiens. Mais quel ne fut pas leur désespoir, lorsqu'ils apprirent que le comte de Toulouse avait quitté le camp et pris avec ses soldats la route de Sinope !

Le comte de Toulouse mourut, peu d'années après cette étrange désertion, devant la ville de Tripoli, dont il avait commencé le siége.

Guillaume de Tyr, après avoir raconté les derniers instants de Raymond, se plaît à rendre un éclatant hommage aux vertus « de ce prince héroïque que dévorait le zèle de la maison de Dieu, » de ce « chevalier du Christ, » qui, pour délivrer le saint tombeau, avait quitté sa patrie, ses États, sa famille, et consentit à mourir, pauvre et délaissé, sur la terre étrangère !

En mémoire des longs services du comte de Toulouse et de ses exploits dans la guerre contre les infidèles, le riche territoire de Tripoli fut érigé en comté, et devint l'héritage des enfants du glorieux vainqueur d'Ascalon.

## RICHARD CŒUR-DE-LION.

Guillaume, archevêque de Tyr, qui avait quitté l'Orient pour venir en Europe solliciter les services des princes chrétiens, fut chargé par le pape d'y prêcher la guerre sainte (1188).

Après avoir enflammé le zèle des populations italiennes, le prélat se rendit en France et se trouva dans une assemblée convoquée près de Gisors par Henri II, roi d'Angleterre, et par Philippe-Auguste, roi de France. Guillaume fut accueilli avec enthousiasme dans ce *parlement*, et il y lut à haute voix une relation de la prise de Jérusalem par Saladin.

Après cette lecture, qui arracha des larmes à tous les assistants, le pieux envoyé exhorta les fidèles à prendre la croix.

« A la porte de cette assemblée, s'écria l'archevêque, j'ai vu se déployer l'appareil de la guerre : quel sang allez-vous répandre? Vous vous battez ici pour le rivage d'un fleuve, pour les limites d'une province, pour une renommée passagère, tandis que les infidèles envahissent le royaume de Dieu et que la croix de Jésus-Christ est trainée ignominieusement dans les rues de Bagdad! Avez-vous oublié ce qu'ont fait vos pères? Un royaume chrétien a été fondé par eux au milieu des nations musulmanes. Si vous avez laissé périr leur ouvrage, venez du moins délivrer leurs tombeaux, qui sont au pouvoir des Sarrasins. Si vous ne servez pas la cause de Dieu, quelle cause oserez-vous défendre? Oh! quelle ne sera pas la joie des Sarrasins, au milieu de leur triomphe impie, lorsqu'ils apprendront que l'Occident n'a plus de guerriers fidèles à Jésus-Christ, et que les princes et les rois de l'Europe ont appris avec indifférence les désastres et la captivité de Jésus-Christ! »

Ces paroles touchèrent profondément le cœur des princes et des chevaliers. Henri et Philippe-Auguste, jusqu'alors ennemis implacables, s'embrassèrent en pleurant et se présentèrent les premiers pour recevoir la croix. Richard, fils du roi anglais et du duc de Guyenne; Philippe, comte de Flandre; Henri, comte de Champagne; Thibaut, comte de Blois; les comtes de Soissons, de Nevers, de Vendôme; les deux frères Josselin et Mathieu de Montmorency, firent aussi le serment d'aller délivrer la Terre-Sainte. On résolut, dans le conseil des princes et des évêques, que tous ceux qui ne prendraient point la croix payeraient la dixième partie de leurs revenus et de la valeur de leurs meubles.

La terreur qu'avaient inspirée les armes de Saladin fit donner à cet impôt le nom de *dîme saladine*.

La guerre qui éclata, peu de temps après, entre Philippe-Auguste et Henri Plantagenet, retarda de deux ans le départ des guerriers de France et d'Angleterre. Mais, au commencement de l'année 1191, après la mort de Henri II, Richard, son fils, et le roi de France se décidèrent enfin à s'embarquer pour la Palestine.

En sortant du port de Messine, la flotte anglaise fut dispersée par une violente tempête. Un navire qui portait Bérengère de Navarre et la reine de Sicile s'étant présenté devant Limisso, dans l'île de Chypre, ne put obtenir l'entrée du port.

Peu de temps après, Richard arrive avec sa flotte qu'il avait ralliée et il éprouve lui-même un refus. Isaac Comnène qui, pendant les troubles de Constantinople, s'était emparé de l'île, ose menacer le roi d'Angleterre. Richard, chez lequel la *furie française* bouillonnait toujours, n'hésite pas à attaquer Isaac ; l'île tout entière est conquise en quelques jours, et le roi d'Angleterre, après l'avoir érigée en royaume, mit à la voile pour Ptolémaïs.

Lorsque les Anglais eurent réuni leurs forces à celles de l'armée assiégeante, l'attaque de la place fut poussée avec la dernière vigueur. On dressait des machines, on livrait chaque jour des assauts. Mais la rivalité qui ne tarda pas à éclater entre les deux monarques de France et d'Angleterre prolongea le siège presque indéfiniment. Les musulmans employaient à fortifier la ville le temps que les croisés perdaient en de vaines disputes.

Ptolémaïs ne tomba entre les mains des croisés qu'après un siége de deux années. Philippe-Auguste et Richard, arrivés à peine depuis trois mois, se partagèrent les vivres, les munitions et toutes les richesses qui se trouvaient dans la place.

On raconte que Léopold d'Autriche, dont la conduite durant le siége avait été héroïque, ayant fait arborer sa bannière sur l'une des tours de la ville, Richard fit enlever et jeter cette bannière dans les fossés.

L'orgueil du roi d'Angleterre avait aussi profondément blessé le marquis de Montferrat, qui, malgré les vives instances de ses compagnons d'armes, crut devoir se retirer dans sa principauté de Tyr, avec toutes ses troupes.

Ce fut vers le même temps que Philippe-Auguste annonça son dessein de retourner en France. Sa maladie, comme il le disait, avait-elle fait des progrès ou bien la conduite de son vassal d'Angleterre froissait-elle sa fierté royale?

Quoi qu'il en soit, le monarque partit, laissant dix mille Français en Palestine, sous la conduite du duc de Bourgogne, et Richard fut seul chargé de faire exécuter la capitulation de Ptolémaïs. Saladin n'ayant point, au terme fixé, payé les deux cent mille besants d'or qu'il avait promis, et rendu aux chrétiens le bois de la vraie croix, Richard fit massacrer les deux mille sept cents prisonniers sarrasins qu'on devait délivrer après l'accomplissement du traité. Acte de barbarie atroce que les chrétiens durent flétrir et qui a souillé la mémoire du prince anglais !

Lorsque les croisés eurent pris quelque repos dans la ville que leur courage avait conquise, Richard fit annoncer par son héraut d'armes que l'armée allait se mettre en marche pour Jaffa.

Après six jours de fatigue, les croisés arrivèrent sur les bords de la rivière d'Arsur, près de laquelle deux cent mille musulmans attendaient les chrétiens pour leur disputer le passage ou leur livrer une bataille décisive.

Lorsqu'on aperçut les musulmans, le roi Richard se prépara au combat. L'armée chrétienne fut partagée en cinq corps; les templiers formaient le premier; les Bretons et les Angevins le second; en troisième ligne se tenaient les Poitevins; le quatrième corps était composé d'Anglais et de Normands; enfin, les hospitaliers formaient l'arrière-garde.

Bientôt l'armée musulmane, pour emprunter le langage des historiens arabes, entoura l'armée chrétienne, *comme le cil environne l'œil*. La bataille dura toute la journée. Les infidèles, enfoncés trois fois n'en revinrent pas moins trois fois à la charge; mais ils furent, à la fin, broyés *sous le fer de cette nation de fer*.

Quand les croisés arrivèrent à Jaffa, ils en trouvèrent les murailles et les tours démolies : Saladin avait fait démanteler de même toutes les places qu'il ne pouvait défendre. Ascalon, Ramla, Gaza, Natron, tous les châteaux bâtis dans les montagnes de la Judée, cessèrent d'exister comme forteresses. C'était, disent les chroniques, un singulier spectacle que celui de deux armées qu'on avait vues si redoutables sur le champ de bataille, ne cherchant plus de nouveaux combats et parcourant un pays ravagé par leurs victoires : l'une pour renverser, l'autre pour rebâtir les forteresses et les tours renversées !

Toutefois les croisés n'en étaient pas toujours réduits à *remuer des pierres*. Un jour que les templiers parcouraient les plaines et les vallées pour chercher du fourrage, ils furent surpris par plusieurs milliers de cavaliers sarrasins qui les attaquèrent en poussant suivant leur coutume des cris épouvantables. Les croisés, malgré leurs exploits héroïques, étaient près de succomber sous le nombre, lorsque Richard, qui avait entendu les clameurs des assaillants, s'élance sur son cheval fauve de Chypre et se dirige à toute bride vers le lieu du péril. L'escorte du monarque était si peu nombreuse, que ses chevaliers lui conseillaient de ne pas s'exposer inutilement à une mort certaine. Mais lui, indigné de pareils conseils : « Eh quoi ! s'écrie-t-il, quand tous ces vaillants hommes se sont enrôlés dans l'armée dont je suis le chef, je leur ai juré de ne jamais les abandonner, et vous voudriez que je revinsse sur mes pas ! Mais si ces chrétiens trouvaient la mort sans être secourus, je n'aurais plus le droit de prendre le titre de roi et de me dire encore leur chef ! »

Et, en proférant ces paroles, Richard se précipite au plus épais de la mêlée ; de toutes parts les musulmans tombent sous ses coups. Les chrétiens victorieux retournèrent dans leur camp en célébrant les louanges de cet autre Tancrède !

Cependant, Saladin avait quitté Jérusalem et était venu avec toutes ses forces assiéger la ville de Jaffa, défendue seulement par trois mille croisés.

Après plusieurs assauts, la ville est emportée : les musulmans égorgent tous ceux qu'ils rencontrent.

Déjà la citadelle, où s'était réfugiée la garnison, proposait de capituler lorsque Richard, venant par mer de Ptolémaïs, parut tout-à-coup devant le port avec plusieurs navires montés par des guerriers chrétiens. Aussitôt il fait diriger ses barques vers la ville, et, le premier, se jetant dans l'eau jusqu'à la ceinture, il atteint la rive défendue par une multitude de Sarrasins. Le roi d'Angleterre, suivi de trois de ses plus braves chevaliers, pénètre dans la place, en chasse les Turcs et les poursuit dans la plaine. Réunie à la garnison de Jaffa, la petite troupe de Richard ne comptait pas plus de deux mille combattants. Aussi, trois jours après la délivrance de Jaffa, les Sarrasins reviennent par milliers pour surprendre la place. Aux cris des sentinelles, Richard s'éveille en sursaut, endosse sa cuirasse et court à l'ennemi les jambes nues et à demi vêtu. Il n'y avait dans la ville que dix chevaux. Richard en monte un, et, suivi de neuf guerriers dont les chroniques ont conservé les noms, il fond sur un gros de sept à huit mille cavaliers musulmans qui tournent bride, épouvantés d'une pareille audace.

En ce moment, on vient annoncer au roi que l'ennemi est rentré dans la ville de Jaffa et que les infidèles égorgent les chrétiens restés à la garde des portes. Richard vole aussitôt à leur secours.

A son seul aspect les mamelucks frémissent de terreur. *Leurs cheveux*, dit la chronique, *se hérissaient sur leur front*, dès qu'ils voyaient briller l'épée du héros. Un émir, d'une force et d'un courage extraordinaire, ose défier le prince au combat. D'un seul coup, Richard lui abat la tête, l'épaule droite et le bras droit.

Au fort de la mêlée, le comte de Leycester, environné de cavaliers sarrasins, avait eu son cheval tué sous lui;

le roi d'Angleterre aperçoit le danger que court le vaillant chevalier, il se précipite au milieu des rangs ennemis et disparaît aux yeux de tous les guerriers. Lorsque le prince vint rejoindre les croisés qui le croyaient mort, son cheval était couvert de poussière et rouge de sang, et lui-même, dit un chroniqueur qui assistait à la bataille, il *était si hérissé de flèches, qu'il ressemblait à une pelote couverte d'aiguilles!*

Les historiens arabes rapportent que lorsque, après le combat, Saladin reprochait à ses émirs d'avoir fui devant un seul homme, « Personne, répondit l'un d'eux, ne peut résister à ce Franc ; son impétuosité est terrible, sa rencontre est mortelle, et ses actions sont au-dessus de la nature humaine. »

Malheureusement, tant de travaux et de gloire furent perdus pour la croisade. Les Français refusaient de combattre sous les étendards de Richard; les Allemands, commandés par Léopold d'Autriche, avaient quitté la Palestine ; le roi d'Angleterre se vit donc forcé de reprendre les négociations avec Saladin. Une trêve de trois ans et huit mois fut conclue.

On convint que Jérusalem serait ouverte à la dévotion des chrétiens, et que ceux-ci posséderaient toute la côte maritime, depuis Jaffa jusqu'à Tyr.

Richard Cœur-de-Lion (jamais surnom ne fut mieux mérité) n'ayant plus rien à faire en Palestine, s'embarqua à Ptolémaïs, et quitta la Terre-Sainte, où son nom seul devait demeurer un objet de terreur.

Les chrétiens, en voyant s'éloigner le vainqueur d'Arsur, pleurèrent amèrement, se considérant comme livrés sans défense aux agressions des Sarrasins.

Richard lui-même, en voyant fuir la terre où il avait joué un rôle si brillant, ne put retenir ses larmes, et, tournant les yeux vers la cité de Ptolémaïs, témoin de tant de prouesses : « O terre sainte ! s'écria-t-il, je recommande ton peuple à Dieu : fasse le ciel que je vienne encore te visiter et te secourir ! »

Une longue captivité attendait le héros de la croisade à son retour en Europe. Le vaisseau qui portait le roi d'Angleterre ayant fait naufrage sur les côtes d'Italie, le prince, craignant de traverser la France, avait pris la route de l'Allemagne, caché sous l'habit d'un simple pèlerin. Reconnu et livré au duc d'Autriche, puis à l'empereur d'Allemagne, le vainqueur des Sarrasins fut jeté dans un cachot obscur par des princes chrétiens envieux de sa gloire.

Richard comparut devant la diète de Worms, et on l'accusa de tous les crimes que la jalousie et la haine avaient inventés contre lui. Mais lorsque les évêques et les seigneurs se trouvèrent face à face avec le héros dont le regard électrisait les croisés et faisait trembler les musulmans ; lorsque le monarque anglais eut fait entendre sa justification, tous ses juges fondirent en larmes et allèrent supplier l'empereur de traiter avec moins d'injustice son illustre prisonnier.

La vie de Richard d'Angleterre, comme celle de tous les princes de la maison française de Plantagenet, renferme plus d'une page qu'on voudrait effacer : mauvais fils, souverain sans entrailles, esclave des passions les plus brutales, le fils de Henri II fit preuve de qualités plus brillantes que solides ; mais ses infortunes, ses aventures étranges, qui arrachaient les larmes, firent oublier ses vices ; et les chroniqueurs du moyen-âge, dont plusieurs l'avaient vu combattre, comme un autre Machabée, sur les champs de bataille de la Terre-Sainte, n'ont voulu se ressouvenir que des hauts faits de ce véritable paladin des anciens romans de chevalerie.

### ROBERT II, COMTE DE FLANDRES, ET ROBERT, DUC DE NORMANDIE.

Robert II, comte de Flandres, avait gouverné ce pays pendant le pèlerinage de son père en Palestine. Il succéda à ce prince en 1093, et, pendant les premières années de son gouvernement, il commit plusieurs actes de violence contre la puissance ecclésiastique. Ce fut, sans doute, pour expier ces fautes, que le jeune prince prit part à la croisade de Godefroi de Bouillon.

Robert de Flandres se montra, pendant tout le cours de la croisade, l'émule des chevaliers les plus vaillants, et, pour la noblesse du caractère, le désintéressement et la générosité, on ne peut guère lui comparer que Godefroi de Bouillon et Tancrède. A la bataille de Dorylée, à celle d'Ascalon, au siége de Jérusalem, Robert se signala par des prouesses si extraordinaires, que le surnom d'*Epée des chrétiens* lui fut donné, et que les Sarrasins ne le désignaient plus que sous le nom de saint Georges, le patron des guerriers chrétiens.

Les liens de la plus étroite confraternité d'armes unissaient Robert de Flandres à un autre Robert, surnommé *Courte-Heuse*, et fils aîné de Guillaume le Conquérant. Le jeune duc de Normandie, brave et chevaleresque comme tous les guerriers normands, avait, comme prince, les défauts les plus répréhensibles. Faible, indolent, ami des plaisirs, l'héritier du conquérant de l'Angleterre avait négligé de s'asseoir sur le trône de la Grande-Bretagne, à la mort de son père. Duc de Normandie, le jeune prince ne sut pas gouverner ses Etats. Prodigue jusqu'à l'extravagance, Robert, disent les chroniques, ruinait son peuple; les bouffons et les courtisanes, dont il était sans cesse entouré, abusaient tellement de sa générosité, que plusieurs fois il manqua de pain au milieu des richesses d'un grand duché, et qu'il restait parfois au lit, faute de vêtements, ses misérables familiers ne se faisant nul scrupule de lui enlever son haut-de-chausses et jusqu'à ses souliers...

Ce ne furent donc ni la foi ni l'ambition qui firent prendre la croix au duc de Normandie. Fatigué de sa vie licencieuse, le goût des aventures, inhérent, en quelque sorte, au génie de la race normande, s'était réveillé en lui. Comme Robert manquait de l'argent nécessaire pour lever et entretenir une armée, il engagea son duché entre les mains de son frère, Guillaume le Roux. Guillaume, qui se moquait de la chevalerie errante des croisés, saisit avec joie l'occasion de gouverner une province qu'il espérait réunir un jour à son royaume d'Angleterre. Il leva des impôts pour payer la somme de dix mille marcs d'argent à Robert, qui partit pour la Terre-Sainte, suivi de presque toute la noblesse de son duché.

Ce fut dans la plaine de Nicée que le duc de Normandie tira la première fois l'épée contre les infidèles. La bataille, commencée à la pointe du jour, ne finit qu'avec lui. Pendant ce terrible combat, Robert de Normandie et son ami le comte de Flandres eurent à lutter contre cinquante mille cavaliers sarrasins qui se précipitaient dans les rangs de l'armée chrétienne, dit Mathieu d'Édesse, et fuyaient pour revenir à la charge avec encore plus d'impétuosité.

La bataille gagnée, les chevaliers poussèrent le siège de Nicée avec une nouvelle vigueur. Les deux Robert, avec Bohémond et Tancrède, descendaient chaque jour dans les fossés de la place et donnaient à leurs compagnons l'exemple de la plus téméraire audace. Mais ce fut surtout à Dorylée que le duc de Normandie donna les preuves les plus éclatantes de son héroïque valeur. Le camp des chrétiens venait d'être forcé par la cavalerie musulmane; le désordre était dans les rangs de l'armée des croisés. Robert, qui commandait la réserve, accourt à la tête de ses chevaliers; il arrache des mains de celui qui le portait son drapeau blanc bordé d'or, et, s'élançant au milieu des escadrons ennemis, il renverse tous ceux qui se trouvent sur son passage, au cri de guerre : *Normandie! Normandie!* Tancrède et Richard de Salerne arrivent à leur tour; ils se précipitent à la suite de Robert, dont l'épée vient d'abattre l'un des principaux émirs sarrasins, et leur exemple entraîne toute l'armée et décide la victoire.

Deux jours après la bataille, dit Albert d'Aix, les infidèles fuyaient encore, poursuivis qu'ils étaient par la terreur dont les avaient frappés les incroyables faits d'armes de Godefroi, de Bohémond, de Tancrède et des **deux Robert!**

Dans une autre bataille livrée sur les bords de l'Oronte, le duc de Normandie soutint seul un combat contre un chef d'infidèles qui s'avançait entouré de tous les siens. D'un coup de sabre, Robert fendit la tête du musulman jusqu'à l'épaule, et il l'étendit à ses pieds en s'écriant d'une voix tonnante : *Je dévoue ton âme impure aux puissances de l'enfer !*

Nous avons dit plus haut qu'après la bataille d'Ascalon une grande partie des princes croisés revinrent dans leur pays et rentrèrent en possession de leur héritage.

Le duc de Normandie fut moins heureux que ses vaillants compagnons, Eustache de Lorraine, Robert de Flandres et Alain Fergent le Breton. La vue des Saints Lieux, les longues souffrances endurées sous l'étendard de la croix, n'avaient pas changé ce caractère léger et mobile. A son retour de la Terre-Sainte, de honteux plaisirs le retinrent plusieurs mois en Italie. Lorsqu'il rentra enfin dans ses Etats, il y fut reçu avec des transports d'enthousiasme. Mais, ayant repris les rênes du gouvernement, il ne montra que de la faiblesse et finit par s'aliéner le cœur de ses sujets. Du sein de l'oisiveté et de la débauche, sans armée, sans trésor, il osa disputer au successeur de Guillaume le Roux la couronne britannique, qu'il avait jadis dédaignée ; et tandis que, livré aux conseils des histrions et des courtisanes, il rêvait la conquête de l'Angleterre, il perdit son duché de Normandie.

Vaincu dans cette bataille, le héros de Nicée, de Dorylée et d'Ascalon tomba entre les mains de son frère Henri I*er*, qui le fit enfermer au château de Cardiff, dans la province de Glamorgan. Après vingt-huit ans de captivité, Robert mourut oublié de ses sujets et de ceux-là même qui, dans les champs de la Palestine, avaient le plus admiré son incomparable vaillance et ses exploits fabuleux !

Le propre du vice est de ternir toute gloire !

## SALADIN.

Saladin, fils d'Ayoub, était encore, à trente ans, inconnu parmi sa nation. Son père avait quitté les montagnes sauvages du Curdistan pour servir les puissances musulmanes de la Mésopotamie, et s'était attaché à la fortune des Atabecks, quelque temps avant la seconde croisade.

Dans sa première jeunesse, Saladin, livré à la dissipation et aux plaisirs, était resté complètement étranger aux soins de la politique et de la guerre. Ce fut seulement en 1169 que le fils d'Ayoub, nommé vizir par le calife du Caire, changea de conduite et réforma ses mœurs.

Tout-à-coup, disent les auteurs arabes, on vit s'opérer en lui une révolution complète. Ce jeune homme étonna tous les disciples de Mahomet par l'austérité de ses dévotions et l'activité de son esprit. En peu de mois, l'Egypte tout entière fut soumise à l'empire de Noureddin, calife de Damas, l'autorité des fatimites fut abolie, et, peu de temps après, le calife du Caire mourut sans se douter qu'il avait perdu son empire. Les chrétiens accusèrent Saladin de l'avoir tué de sa propre main ; mais cet horrible mystère de la politique orientale n'a point été éclairci par les historiens contemporains. Les trésors du calife servirent à apaiser les murmures du peuple et des soldats. La dynastie des fatimites, qui régnait depuis près de deux cents ans, s'éteignit dans un seul jour et ne trouva pas un défenseur. Les musulmans d'Egypte et de Syrie n'eurent plus, dès lors, qu'une même religion et qu'une seule cause à défendre.

Un tel résultat, obtenu par ses efforts, accrut singulièrement la puissance de Saladin. Le sultan de Damas fut comme absorbé dans la gloire de son heureux lieutenant. Celui-ci ne songea pas d'abord à détrôner son maître ; mais telle était la position où les circonstances l'avaient placé, qu'il se trouva un jour comme porté par le flot populaire vers le rang suprême, qu'il ambitionnait sans oser s'en saisir. La guerre entre le sultan et son vizir allait éclater, lorsque Noureddin mourut tout-à-coup.

A cette nouvelle, les chrétiens se réjouirent, croyant n'avoir plus d'ennemi redoutable à combattre ; mais, disent les auteurs arabes, ce qui fit alors la sécurité des Francs devait amener plus tard leur ruine. Et, en effet, resté maître d'une armée victorieuse, Saladin profita des désordres qui troublaient la Syrie, s'empara de l'empire des Atabecks et dirigea toutes les forces musulmanes contre les colonies chrétiennes.

Battu sous les murs d'Ascalon, dans les mêmes plaines où jadis Godefroi de Bouillon, Tancrède et Bohémond, avaient vu fuir les infidèles devant les guerriers invincibles qu'ils commandaient, Saladin, monté sur un chameau, courut les plus grands dangers dans sa fuite à travers le désert. A son arrivée au Caire, il condamna à mort tous les prisonniers chrétiens qu'on lui avait envoyés d'Antioche, et leur fit trancher la tête en sa présence par les personnages *les plus pieux* de son armée.

Cette horrible exécution ne suffit point à la vengeance du sultan. Il rassembla de nouvelles troupes en Egypte et revint menacer le royaume de Jérusalem. A l'approche du danger, les chrétiens volèrent aux armes; Saladin fut repoussé; mais, tandis que les croisés s'affaiblissaient dans de petits combats sans importance, les forces de leurs ennemis s'accroissaient chaque jour.

Au commencement de l'année 1187, une armée musulmane s'avança dans le pays de Galilée. Cinq cents chevaliers du Temple et de l'ordre de Saint-Jean accoururent pour défendre le territoire chrétien. Ils furent accablés par le nombre et périrent jusqu'au dernier. Les chroniques sont remplies des hauts faits de ces martyrs de la foi et de la chevalerie.

On les vit, disent-elles, après avoir épuisé leurs flèches, arracher de leur corps celles dont ils étaient percés, et les lancer à l'ennemi. Plusieurs de ces chevaliers, après avoir brisé leurs lances et leurs épées, s'élancèrent dans les rangs ennemis, luttèrent corps à corps avec les guerriers musulmans et succombèrent sur des monceaux de cadavres en menaçant leurs ennemis.

Un Français, Jacques de Maillé, chevalier du Temple, se signala particulièrement à ce funeste combat. Monté sur un cheval blanc, il était resté seul debout sur le champ de bataille, il refusait de se rendre. Renversé de sa monture, le guerrier chrétien se relève, et, tout hérissé, il se précipite dans les rangs des infidèles, stupéfaits d'un pareil héroïsme. Percé de coups et perdant tout son sang, Jacques de Maillé, le genou en terre, combat encore. Les Sarrasins, disent les historiens arabes, prirent *le Franc au cœur d'airain* pour saint Gerges, ce patron vénéré que les croisés invoquaient dans les batailles !

Cependant une immense armée musulmane, commandée par Saladin en personne, était venue camper non loin du lac Tibériade. Le 2 juillet 1187, les Francs et les Sarrasins se rencontrèrent dans les plaines qui bordent ce lac. Les infidèles étaient pleins de confiance dans la victoire. Avant le combat, le sultan parcourut les rangs de ses guerriers, et ses discours enflammèrent tous les courages. Un auteur arabe, secrétaire de Saladin, qui se trouvait présent à ce terrible combat, nous en a laissé la description. Il peint, avec une sorte d'enthousiasme, les prouesses homériques des chevaliers français, couverts de leurs brillantes cuirasses, et qui ne tombaient, le visage tourné vers l'ennemi, qu'après avoir *fauché autour d'eux des rangs entiers de défenseurs de l'islam.*

Le lendemain de la bataille, Saladin fit amener devant lui les chevaliers du Temple et de Saint-Jean, et dit à ses officiers : « Je veux délivrer la terre de ces deux races immondes ! »

Le sultan permit à chacun des émirs et des *fidèles croyants* qui l'environnaient de tuer un chevalier chrétien. Quelques guerriers refusèrent de tremper leur sabre dans le sang des malheureux prisonniers ; mais d'autres massacrèrent de sang-froid, au pied du trône de Saladin qui applaudissait à cette horrible boucherie, un certain nombre de chevaliers dont les bras étaient chargés de chaînes !

En moins de deux mois toute la Palestine fut envahie. Ascalon, qui avait coûté aux chrétiens près d'un demi-siècle de travaux et de combats, ne tint que quatorze jours. Le moment était venu où Jérusalem devait tomber de nouveau au pouvoir des infidèles. Une reine en pleurs, les enfants des guerriers morts à Tibériade, quelques soldats échappés au massacre, quelques pèlerins nouvellement arrivés de l'Occident, tels étaient les seuls défenseurs du Saint-Sépulcre. Des tours de la cité sainte, ils virent bientôt flotter les étendards de Saladin sur les hauteurs d'Emaüs.

Le sultan, après avoir campé quelques jours à l'occident de la ville, dirigea ses attaques vers le nord, et fit miner les remparts qui s'étendent depuis la porte de Josaphat jusqu'à celle de Saint-Etienne. Au bout de cinq jours de siège, la place se rendit. D'après la capitulation, les habitants purent racheter leur liberté moyennant une rançon de dix pièces d'or pour les hommes, de cinq pour les femmes. Tous les guerriers qui se trouvaient à Jérusalem au moment du traité obtinrent la permission de se retirer à Tyr ou à Tripoli.

Cependant, le jour était arrivé où les chrétiens qui habitaient Jérusalem devaient s'en éloigner pour toujours. Saladin, élevé sur un trône près de la porte de David, vit défiler devant lui cette population désolée ; le patriarche, suivi de son clergé, marchait en tête. Venait ensuite la reine de Jérusalem accompagnée des principaux barons et chevaliers. La princesse était suivie d'un grand nombre de femmes qui portaient leurs enfants dans leurs bras et poussaient des gémissements déchirants.

Plusieurs d'entre elles s'approchèrent du trône de Saladin : « Vous voyez à vos pieds, lui dirent-elles, les épouses, les mères, les filles des guerriers que vous retenez prisonniers ; si vous daignez nous les rendre, ils soulageront les misères de notre exil, et nous ne serons plus sans appui sur la terre. » Saladin fut touché de la douleur de ces pauvres familles : il rendit aux mères leurs enfants, aux épouses leur maris qui se trouvaient parmi les captifs. Prenant pitié de toutes les infortunes, il permit aux hospitaliers de rester dans la ville pour soigner les pèlerins et les malades qui ne pouvaient sortir de Jérusalem.

Saladin s'arrêta près d'un mois dans Jérusalem pour y rétablir l'exercice de la religion musulmane. Les mosquées, qui, sous les Francs, avaient été converties en églises, furent lavées avec de l'eau de rose et rendues à leur ancienne destination.

L'année suivante, le sultan fit la conquête des villes chrétiennes de la Phénicie et de la principauté d'Antioche. Son intention était de signaler la campagne suivante par la conquête de Tyr, Antioche, Tripoli, etc. Il avait si peu la pensée que l'Europe pût organiser une nouvelle croisade, qu'un amiral sicilien lui ayant parlé de préparatifs qui se faisaient en France et en Angleterre, il répondit qu'il s'inquiétait peu des guerriers de l'Occident. « Qu'ils viennent, ajouta-t-il, qu'ils viennent, et ils subiront ce qu'ont subi leurs frères : la mort et la captivité ! »

Cependant, les prédications de l'archevêque de Tyr avaient réveillé dans l'Occident l'enthousiasme des premières croisades. De toutes les parties du monde chrétien on voyait accourir des défenseurs de la croix, et plus de cent mille guerriers se trouvèrent réunis devant Ptolémaïs, lorsque les puissants monarques de France et d'Angleterre s'occupaient encore des préparatifs de leur départ. L'arrivée de ces innombrables auxiliaires anima l'ardeur des chrétiens. Les musulmans, au contraire, étaient frappés de terreur, lorsqu'ils apercevaient, suivant les expressions des historiens arabes, les chevaliers bardés de fer de la France, de l'Allemagne et de l'Italie, lesquels, lorsqu'ils couraient aux armes, *ressemblaient à des oiseaux de proie, et dans la mêlée à des lions indomptables.*

Dans un conseil tenu par Saladin, plusieurs émirs proposèrent de se retirer devant un ennemi *aussi nombreux,* disaient-ils, *que les sables de la mer, plus violent que les tempêtes, plus impétueux que les torrents!* Toutefois, le 4 octobre 1189, les troupes chrétiennes et l'armée de Saladin se trouvèrent en présence dans la plaine de Ptolémaïs.

Les croisés, dit l'historien Emad-Eddin, *marchaient au combat avec l'ardeur d'un cheval qui va au pâturage.* Bientôt leurs étendards flottent sur la colline de la mosquée, et le vaillant comte de Bar pénètre jusque dans la tente de Saladin. Ce prince, qui commandait le centre de son armée, ne put retenir autour de lui qu'un petit nombre de ses mameluks; son armée avait disparu. La victoire des chrétiens aurait pu être complète; mais cette troupe confuse de pèlerins de toutes les nations ne reconnaissait, à proprement parler, aucun chef véritable. Maîtres du camp des Turcs, ils se répandent dans les tentes pour les piller, et bientôt le désordre est plus grand parmi les vainqueurs que parmi les vaincus.

Saladin profite habilement de cette circonstance : à sa voix, les Sarrasins se rallient et la bataille recommence avec une nouvelle ardeur. Les croisés, dispersés dans la plaine, sont poursuivis, taillés en pièces. La campagne est couverte de chrétiens qui fuient et jettent bas leurs armes. La milice du Temple résiste presque seule aux Sarrasins, et voit tomber ses plus vaillants chevaliers. Le grand maître de l'ordre est fait prisonnier, et, quelques heures après, il reçoit la palme du martyre dans la tente même de Saladin.

A l'approche de l'hiver, Saladin quitta les plaines de Ptolémaïs, et se retira avec son armée sur le mont Kharouba, à quelques lieues de la ville. Son cœur était alors en proie aux plus vives angoisses. Instruit des armements considérables qui se poursuivaient en Occident, il recourut au calife de Bagdad. « Qu'est donc devenue, s'écria-t-il, l'ardeur des musulmans et le zèle des vrais croyants? Voyez les chrétiens comme ils viennent en foule! comme ils se pressent à l'envi! Les musulmans, au contraire, sont mous, découragés, sans zèle pour l'islamisme? »

Pendant ce temps, les croisés se fortifiaient dans leur camp ; ils en faisaient une espèce de ville où l'on voyait des églises, des marchés, etc. Lorsque, au printemps, Saladin vint reprendre son ancienne position, il trouva toutes ses communications fermées et il ne put correspondre avec la garnison de Ptolémaïs qu'au moyen de pigeons ou par l'entremise de nageurs intrépides, qui, la nuit, traversaient la flotte chrétienne.

Saladin attaquait sans cesse les Francs et ne leur laissait pas de repos. Toutes les fois que les croisés livraient un assaut à la ville, le bruit des tambours et des timbales retentissait dans le camp du sultan, qui opérait une diversion du côté de la plaine.

Ce fut sur ces entrefaites que l'empereur Frédéric Barberousse arriva près des confins de la Syrie. Frédéric avait traversé en vainqueur les contrées baignées par le Danube, ainsi que l'empire grec et les Etats du sultan d'Iconium. A son approche, les musulmans furent saisis d'effroi : tout annonçait que l'intervention du monarque allait faire pencher la balance du côté des chrétiens, lorsqu'il périt au passage d'un fleuve. Aussitôt son armée se disperse, et les chrétiens, accablés de douleur, désespèrent de leur fortune. Dans leur découragement, les chefs des croisés ne songeaient plus qu'à traiter avec Saladin, lorsqu'une flotte parut dans la rade de Ptolémaïs et débarqua un grand nombre de Français, d'Anglais et d'Italiens, conduits par Henri, comte de Champagne.

Vers le même temps, les assiégeants reçurent la nouvelle que les rois de France et d'Angleterre s'étaient croisés et se disposaient à venir les secourir. A cette nouvelle, Saladin ne se crut plus en sûreté dans son camp, et il retourna à Kharouba. « Les chrétiens, écrivait-il au calife de Bagdad, dont il implorait l'appui, reçoivent sans cesse de nouveaux secours ; quand il en périt un sur terre, il en arrive mille sur la mer. La semence se trouve plus abondante que la moisson ; l'arbre pousse plus de branches que le fer n'en peut couper... Vous qui êtes du sang de notre prophète Mahomet, c'est à vous de faire, en cette circonstance, ce qu'il ferait lui-même s'il était au milieu de son peuple. »

Ces quelques lignes peignaient très bien l'état d'anxiété

où était Saladin. Les combats, les fatigues, les maladies, la disette avaient affaibli son armée ; l'agitation de son âme avait altéré sa santé : la prise de Ptolémaïs fit verser au sultan des larmes amères. Mais les divisions qui régnaient dans le camp des croisé les empêchèrent de profiter de la terreur qu'avait fait naître leur victoire. Après le départ du roi de France, Richard avait, il est vrai, marché sur Jérusalem, et il avait vaincu, dans les plaines d'Arsur, Saladin et ses plus vaillants émirs. Mais comme nous l'avons dit plus haut, l'éclat des faits d'armes accomplis par le monarque anglais et l'indomptable fierté de son caractère avaient fait naître de grandes divisions parmi les chrétiens, et au lieu de poursuivre ses succès, Richard dut songer à entamer des négociations avec Saladin. Mais plus le roi d'Angleterre se montrait impatient, plus Saladin opposait de difficultés.

Le combat de Jaffa, où Richard, avec quelques centaines de chevaliers, tint en échec le sultan et son armée, put seul décider ce dernier à signer la paix pour trois ans et quelques mois. Par ce traité, il était permis aux pèlerins chrétiens de visiter Jérusalem, mais sans armes. Aussitôt, les croisés se précipitèrent vers la sainte cité pour s'acquitter de leur vœu. Saladin s'y rendit lui-même pour veiller à la sûreté de ses hôtes. Il leur fit servir des vivres et reçut les chefs à sa table.

Dès que le roi d'Angleterre eut quitté la Terre-Sainte, Saladin licencia son armée. Il comptait, à l'expiration du traité, reprendre les armes, et subjuguer les débris des colonies chrétiennes. En attendant, il résolut d'envahir à la fois l'Asie Mineure, la grande Arménie et l'Aderbaïdjan. Déjà le rendez-vous était donné, lorsque Saladin mourut à Damas, le 4 mars 1193.

Avant d'expirer, disent les chroniques latines, le sultan ordonna à l'un de ses émirs de porter son drap mortuaire dans les rues de Damas, en répétant à haute voix : « Voilà ce que Saladin, vainqueur de l'Orient, emporte de ses conquêtes ! »

Deux passions, on peut le dire, remplirent le règne de Saladin : une insatiable ambition, et une haine implacable contre les chrétiens. Pour obtenir le poste de vizir, il se fit cruel ; pour être indépendant, il se montra ingrat envers son maître et son bienfaiteur, Noureddin. Rien ne l'arrêtait quand il s'agissait de grandir sa puissance. La guerre acharnée qu'il fit aux chrétiens avait bien moins pour mobile le zèle de sa croyance que le désir d'étendre outre mesure son autorité temporelle : il aurait voulu couronner ses exploits par la conquête de l'Italie, de la France, et y faire triompher les lois de Mahomet. Sa réponse à une lettre de l'empereur Frédéric Barberousse, et une conversation qu'il eut avec Boha-Eddyn, ne laissent aucun doute à cet égard et démontrent la profonde vérité de ces paroles d'un grand écrivain : « Toutes les croisades ont échoué, mais toutes ont réussi ! »

Et, en effet, si Jérusalem et le Saint-Sépulcre sont restés au pouvoir des infidèles, n'est-il pas certain que ce sont les expéditions des chrétiens en Asie qui ont arrêté le mouvement gigantesque de la conquête mahométane ?

## TANCRÈDE.

Les annales de la chevalerie n'offrent point de modèle plus accompli que Tancrède. Ce héros, Sicilien d'origine du côté de son père, et Normand du côté de sa mère Emma, fille de Tancrède de Hauteville, n'eut guère d'autre passion que celle de la vertu et de la gloire. Étranger à tous les intérêts de la politique, il ne connut d'autre loi que la religion et l'honneur, et fut toujours prêt à mourir pour leur cause. Voici le portrait qu'un historien contemporain a tracé de ce digne émule de Godefroi de Bouillon :

« Le haut rang de ses parents n'inspira aucun orgueil au jeune Tancrède. Les richesses de son père ne le portèrent pas à la mollesse. Il surpassa les jeunes gens de son âge par son adresse dans le maniement des armes, et les vieillards par la gravité de ses manières. Chaque jour il offrait aux uns et aux autres un nouvel exemple de vertu. Scrupuleux observateur des préceptes de Dieu, il mettait tous ses soins à retenir les leçons qu'il entendait et à les répéter dans les conversations avec ses égaux. Il évitait d'offenser personne, et pardonnait aisément à ceux qui l'offensaient.

» Tancrède était le premier à louer l'adresse ou la valeur de ses adversaires. Il disait qu'il fallait combattre ses ennemis et non les déchirer. Il ne parlait jamais de lui-même ; mais il brûlait de faire parler de lui. Pour y parvenir, il préférait les veilles au sommeil, le travail au repos. Aussi chaque jour acquérait-il de nouveaux titres à la gloire.

» Dans les combats, il ne comptait pour rien les blessures, et n'épargnait ni son sang ni celui de l'ennemi; une seule chose, cependant, l'inquiétait et l'agitait sans cesse : il ne savait comment accorder les droits de la guerre avec les préceptes de Dieu, car le Seigneur ordonne de présenter la joue à celui qui nous frappe, et la loi de la guerre défend d'épargner même son parent. Cette opposition entre la doctrine de Dieu et les maximes du monde avait en quelque sorte enchaîné le courage de Tancrède, et lui faisait préférer une vie paisible à l'activité guerrière : mais lorsque, en 1096, le pape Urbain II eut promis la rémission des péchés aux chrétiens qui iraient combattre les infidèles, il se réveilla de sa léthargie. Enflammé d'une ardeur incroyable en voyant qu'il s'agissait de faire servir son épée à la gloire du christianisme, il se mit à préparer tout ce qui lui était nécessaire et se réunit à son cousin Bohémond, prince de Tarente, pour aller rejoindre l'armée des croisés. »

Les deux guerriers avaient débarqué en Epire. Tancrède, qui cherchait une occasion d'exercer sa valeur, se portait tantôt en avant, pour découvrir les embûches de l'ennemi, tantôt à l'arrière-garde, pour écarter les pillards. Là où il y avait des périls à affronter et de la gloire à recueillir, on était toujours sûr de rencontrer Tancrède.

Cependant, l'armée sicilienne était arrivée sur les bords de la rivière Verdari. Comme la rapidité du courant paraissait à tous un obstacle au passage, et que la masse d'ennemis qui couvrait l'autre rive ajoutait à la terreur des croisés, Tancrède, pour mettre un terme à toute hésitation, pousse son cheval dans le fleuve et le traverse, suivi seulement d'un petit nombre de chevaliers. Assailli, à l'autre bord, par une multitude de Grecs, il s'ouvre un passage l'épée à la main, et fait rouler dans la poussière tous ceux qui osent l'approcher.

A la vue de cette prouesse gigantesque, l'armée de Bohémond, restée sur l'autre rive, pousse des cris d'enthousiasme, et, en un clin d'œil, la rivière est traversée. Six cents pèlerins, femmes, vieillards, malades ou blessés, étaient seuls restés de l'autre côté. Les Grecs tombèrent sur cette troupe sans défense, qui se mit à pousser des cris déchirants.

Aussitôt Tancrède revient sur ses pas, repasse le fleuve à la tête de deux mille hommes, et taille en pièces ses indignes ennemis.

Peu de temps après, au siége de Nicée, Tancrède se couvrit de gloire aux yeux de toute l'armée chrétienne. Pendant que les croisés livraient un assaut à la ville, cinquante mille cavaliers sarrasins s'étaient précipités sur la partie du camp où le comte de Toulouse venait de dresser ses tentes. Les chrétiens, surpris, commençaient à lâcher pied, lorsque Tancrède, qui combattait à l'autre extrémité de la plaine, accourt à bride abattue ; il s'élance au milieu des escadrons musulmans, frappe d'estoc et de taille, renverse tout ce qui se présente devant lui. Un guerrier turc veut arrêter la furie indomptable du croisé. Tancrède se dresse sur ses étriers et abat d'un seul coup la tête du Sarrasin. Un grand cri s'élève ; les chrétiens reprennent courage ; les Turcs, attaqués avec fureur, sont culbutés, taillés en pièces !

Lorsque, après le combat, Tancrède, couvert de sang

et de poussière, rentra dans le camp, une immense acclamation le récompensa de son dévouement, et rendit hommage à la valeur surhumaine dont il venait de faire preuve.

Cette victoire de Nicée fut signalée par une action horrible : les croisés, imitant la coutume barbare des guerriers arabes, coupèrent les têtes de leurs ennemis restés sur le champ de bataille, et, les attachant à la selle de leurs chevaux, il les apportèrent au camp, qui retentit à cette occasion des cris de joie du peuple chrétien! Des machines lancèrent plus de mille de ces têtes dans la ville, où elles répandirent la consternation. Mille autres furent renfermées dans des sacs et envoyées à l'empereur de Constantinople, qui reçut avec enthousiasme ce sanglant tribut des seigneurs dont il avait reçu l'hommage féodal!

Après la prise de Nicée, Bohémond, qui avait promis à l'empereur Alexis de lui amener son vaillant cousin, se rendit en effet à Constantinople avec Tancrède. Celui-ci ne consentit à faire au prince qu'un hommage conditionnel. « Si vous voulez commander aux croisés, lui dit-il, mettez vos soins à leur être utile : comptez sur l'obéissance de Tancrède, *tant que vous prouverez votre zèle pour l'armée du Christ.* »

L'empereur ayant invité Tancrède à lui faire savoir quel présent lui serait agréable, ce dernier lui répondit qu'il accepterait avec plaisir la tente impériale. Or, cette tente était un ouvrage admirable, une sorte de palais rempli de toute espèce de richesses. La plaisanterie ne fut pas du goût d'Alexis; il s'emporta contre son hôte, et finit par lui dire :

« Je ne te juge digne d'être compté ni parmi mes amis ni parmi mes ennemis !

— Et moi, répondit Tancrède, je vous trouve digne d'être mon ennemi et non pas mon ami ! »

Après cela, le fier croisé n'avait plus qu'à quitter Constantinople pour échapper à la vengeance de son perfide ennemi. Tancrède se hâta, en effet, de sortir de la ville. Des messagers de l'empereur furent aussitôt expédiés pour l'arrêter, mais il sut déjouer les pièges d'Alexis et rejoignit l'armée chrétienne, dans les rangs de laquelle il allait s'illustrer par de nouvelles prouesses.

Tandis que les croisés faisaient le siège d'Antioche, Tancrède et Baudouin, frère de Godefroi de Bouillon, furent envoyés à la découverte pour protéger les colonies chrétiennes et obtenir d'elles des secours et des vivres. Tancrède, qui marchait le premier, arriva sous les murs de Tarse, ville célèbre de l'antiquité où saint Paul avait reçu le jour. Les Turcs, qui défendaient la place, consentirent à arborer le drapeau des chrétiens sur les murailles, si, dans un laps de temps très court, ils n'étaient pas secourus.

Sur ces entrefaites, arriva Baudouin avec sa troupe : les deux guerriers s'embrassent et passent la nuit en paix. Mais, au lever du jour, la vue du drapeau de Tancrède arboré sur les tours de Tarse excite la jalousie de Baudouin et de ses Flamands. Il prétend que sa petite armée est la plus nombreuse et que la ville doit lui appartenir.

Après de violents débats, Tancrède eut la générosité de laisser sa conquête à son ambitieux adversaire, et alla s'emparer de Malmistra. Bientôt Baudouin arriva sur ses traces. A sa vue, Tancrède et ses chevaliers ne peuvent plus contenir leur ressentiment : un combat s'engage entre les soldats chrétiens : lutte fratricide, qui, le lendemain, aracha des larmes amères aux deux partis !

Tancrède, après avoir conquis plusieurs villes, vint rejoindre l'armée chrétienne sous les murs d'Antioche, dont elle faisait alors le siége. Il intercepta tous les chemins, de manière qu'aucun habitant n'osait sortir de la ville.

Etant un jour en embuscade vers les montagnes de l'occident, Tancrède surprit plusieurs milliers de cavaliers turcs qui allaient aux fourrages : sept cents hommes restèrent sur le champ de bataille, et le vainqueur put envoyer au légat du pape les têtes de soixante-dix chefs, dont plusieurs étaient tombés sous ses coups. Le légat ayant fait compter soixante-dix marcs au vaillant capitaine, celui-ci s'empressa d'aller payer ses dettes. Il avait coutume de dire qu'il n'avait qu'un trésor dont il fît cas : ses soldats ! « Peu m'importe, ajouta-t-il, de manquer d'argent, pourvu qu'ils en aient ! Qu'ils remplissent leurs bourses, je prends pour moi les soins, les fatigues, la responsabilité, tout ce qu'il y a de plus pénible ! » Lorsque ses troupes étaient épuisées par les combats du jour ou quelque pénible entreprise de nuit, il les dispensait de faire leur service ; mais lui, rien ne le pouvait dispenser du sien : il veillait sur ses soldats comme une mère sur ses enfants ; en ce qui le concernait, nulle précaution !

Un jour qu'il parcourait la campagne, suivi d'un seul écuyer, il rencontra plusieurs Sarrasins qu'il n'hésita pas à attaquer ; tous ceux qui osèrent l'attendre éprouvèrent la force invincible de son épée. Saisi d'admiration, l'écuyer du guerrier chrétien se répandait en éloges envers son maître; mais lui, dont la simplicité et la modestie égalaient l'héroïsme, il supplia son serviteur de garder le silence sur les prouesses dont il venait d'être témoin : exemple tout nouveau parmi les guerriers, fait observer le chroniqueur, et que les historiens ont placé, avec raison, parmi les faits les plus merveilleux de la chevalerie chrétienne !

Cependant la ville d'Antioche, assiégée depuis plusieurs mois, venait d'être livrée aux chrétiens par le traître Pirous. Lorsque Tancrède, qui était, selon sa coutume, occupé à *battre l'estrade* pour intercepter toutes les communications avec la place, apprit par les fuyards que le drapeau de Bohémond flottait sur les tours de la cité, il s'exhala en plaintes contre son cousin, qui lui avait en quelque sorte ravi l'honneur de monter l'un des premiers sur les remparts. Mais il ne tarda pas à trouver une autre occasion de signaler son courage.

Quelques jours s'étaient à peine écoulés depuis la prise d'Antioche, que déjà une innombrable armée se mettait en marche pour l'arracher aux chrétiens. Tout le Korassan, dit Mathieu d'Edesse, la Babylonie, la Mélie, une partie de l'Asie Mineure et tout l'Orient, depuis Damas et le bord de la mer jusqu'à Jérusalem et l'Arabie, s'étaient mis en mouvement. Kerboga, prince de Moussoul, commandait l'armée des musulmans. Plein de mépris pour les chrétiens, véritable modèle du farouche Circassien de la *Jérusalem délivrée*, Kerboga avait juré, par le prophète, de vaincre et d'exterminer les chrétiens.

Antioche, où régnait une horrible famine, fut donc bientôt entourée par des masses innombrables de guerriers altérés de vengeance.

Les historiens chrétiens et musulmans rapportent que les barons chrétiens, qui ne commandaient plus qu'à des espèces de fantômes, proposèrent à Kerboga de lui abandonner la ville à la seule condition qu'il permettrait aux croisés de sortir de la place avec armes et bagages.

Cette demande ayant été rejetée, les portes d'Antioche s'ouvrirent et les chrétiens allèrent se ranger dans la plaine, en face des infidèles. Les musulmans, qui s'étaient flatté « *de broyer le peuple de Dieu entre deux meules,* » furent enfoncés du premier choc par les escadrons de Tancrède, qui « semblable à un léopard se rassasiant de sang au milieu d'une bergerie, » faisait un carnage affreux dans les rangs ennemis.

« Quinze mille Sarrasins se rallièrent toutefois, et se jetèrent sur la réserve des chrétiens que commandait Bohémond. Mais Tancrède a deviné leur manœuvre : il rallie ses escadrons disséminés et s'élance au secours de son cousin, dont la troupe commençait à plier. Cette charge vigoureuse change aussitôt la face du combat : les Sarrasins, jusque-là victorieux, tournent bride et mettent le feu à la paille et aux herbes sèches dont la plaine est jonchée, pour arrêter la poursuite des chrétiens. Mais nul obstacle pour Tancrède; suivi de quelques chevaliers, montés comme lui sur des chevaux qu'ils viennent d'enlever à l'ennemi, il suit les fuyards à la trace et « les fauche comme l'herbe des prés. »

Au siège de Jérusalem, qui eut lieu moins d'une année après la victoire dont nous venons de parler, Tancrède déploya la même activité et se signala par des prouesses non moins éclatantes.

Dans la nuit qui précéda l'arrivée de l'armée chrétienne sous les murs de la sainte cité, une troupe de cavaliers sarrasins s'était avancée au-devant des croisés. Baudouin du Bourg, avec ses chevaliers, marcha à leur rencontre. Accablés par le nombre, les chrétiens allaient succomber lorsque Tancrède accourut de Bethléem où il venait de planter l'étendard victorieux de la croix. Après avoir poursuivi les musulmans jusque sous les remparts de la place, le héros normand, devançant tous ses compagnons, se rendit seul sur le mont des Oliviers, qui n'est séparé de la ville que par la vallée de Josaphat. Pendant que, du haut de cette colline, le chevalier contemplait avec un saint respect la cité promise à la valeur et à la piété des chrétiens, il fut tout-à-coup assailli par cinq musulmans qui sortaient de la ville. Tancrède ne chercha pas à éviter le combat. Trois Sarrasins tombent sous ses coups, les deux autres s'enfuient, et, sans hâter ni ralentir sa marche, le chevalier normand rejoint le gros de l'armée qui s'avançait vers la sainte cité en chantant ces paroles d'Isaïe : *Jérusalem, lève les yeux et vois le libérateur qui vient briser tes fers !*

Dès le lendemain de leur arrivée, les croisés s'occupèrent de former le siége de la place. Le duc de Normandie, Robert, comte de Flandres, et Tancrède campèrent vers le septentrion, depuis la porte de Saint-Etienne.

Le jeudi 14 juillet 1099, avant le lever du soleil, un bruit de clairons et de timbales se fit entendre dans le camp des chrétiens ; tous les croisés coururent aux armes, toutes les machines de guerre s'ébranlèrent à la fois et l'attaque commença sur toute la ligne.

Rien ne saurait donner une idée, disent les chroniques, de l'ardeur et de l'impétuosité des chrétiens ; les flèches, les javelots, l'huile bouillante, le feu grégeois pleuvaient sur les bataillons serrés; mais on eût dit que leur corps était à l'épreuve du fer et que la flamme n'avait point de prise sur eux.

Après douze heures de lutte, la nuit vint séparer les combattants.

Le lendemain, les chrétiens s'élancèrent à l'assaut avec plus de furie encore que la veille. On entendait de tous côtés siffler les flèches et les javelots; des pierres énormes, lancées par les machines, s'entrechoquaient dans les airs avec un bruit épouvantable.

Cependant la victoire restait indécise. Vers le milieu du jour toutes les machines des chrétiens étaient en feu. Un grand nombre de chevaliers avaient trouvé la mort au pied des remparts. Mais tout-à-coup le combat change de face. Les croisés ont cru voir paraître, sur le mont des Oliviers, un chevalier revêtu d'armes resplendissantes et qui, agitant son bouclier, semblait donner aux assiégeants le signal pour entrer dans Jérusalem.

Godefroi de Bouillon et Raymond de Toulouse, qui l'aperçoivent en même temps et des premiers, s'écrient que c'est saint Georges qui vient combattre pour les croisés. L'armée tout entière est saisie d'une ardeur extraordinaire. Tous les guerriers qui combattaient sur la plate-forme de leurs grandes tours de bois laissent tomber le pont-levis de ces machines sur les remparts, et ils les escaladent en un clin d'œil. Suivi des deux Robert, Tancrède se précipite dans l'intérieur de la ville au cri de : *Dieu le veut! Dieu le veut!*

Nous avons dit plus haut que, peu de semaines après la prise de la cité sainte, le soudan du Caire avait fait marcher contre les chrétiens une armée formidable et qu'une bataille terrible avait été livrée dans les plaines d'Ascalon. Ce fut Tancrède qui, ce jour-là, à la tête d'une vaillante troupe de chevaliers normands, siciliens et flamands, enfonça le centre de l'armée égyptienne, où combattaient les Azoparts, hommes horribles et tout noirs qui frappaient les boucliers des chrétiens avec des boules de fer et brisaient la tête des chevaux.

Après cette victoire, la plupart des chefs de la croisade reprirent la route de l'Occident. Seul, le pieux et chevaleresque Tancrède ne voulut pas déserter le poste du danger et de l'honneur. Compagnon fidèle et dévoué de Godefroi de Bouillon, il fut chargé par lui de s'emparer de Tibériade et de plusieurs autres villes situées dans le voisinage du lac de Genézareth. Pour prix de ses exploits, il obtint la possession du pays qu'il venait de conquérir et qui, dans la suite, fut érigé en principauté.

S'il faut en croire l'historien Albert d'Aix, Tancrède, après la mort de Godefroi, aurait voulu placer la couronne de Jérusalem sur le front de son cousin Bohémond, au préjudice de Baudouin, le frère du duc de Lorraine. Baudouin, à son tour, disputa à Tancrède la possession de la Galilée, et le fit citer à son tribunal comme un vassal insoumis.

La réponse de Tancrède fut des plus laconiques ; elle peint au vif l'orgueilleuse et rude fierté des chevaliers de cette époque : « J'ignore, dit-il en s'adressant au messager de Baudouin, si ton maître est roi de Jérusalem ! » Et il ne fit pas plus de cas d'une seconde sommation. A la fin, pourtant, on fit appel au dévouement de Tancrède, et il se laissa fléchir.

A peu de temps de là, des députés d'Antioche vinrent conjurer Tancrède de se rendre dans leur ville pour la gouverner pendant la captivité de Bohémond. Le prince de Tibériade se rendit aussitôt à leurs prières, convoqua la milice de la province, fortifia Antioche, Sulmistra, Malmistra, Barse et Andana, qui avaient secoué le joug des chrétiens. Tancrède s'empara ensuite de Laodicée, après une année de siége, et lorsque Bohémond sortit de prison, son vaillant cousin lui rendit sa principauté agrandie et florissante.

Cependant Baudouin du Bourg, comte d'Edesse, ayant été fait prisonnier où Tancrède fit des prodiges de valeur et sauva une partie de l'armée chrétienne, le héros normand fut choisi pour gouverner le comté, dont les Sarrasins étaient en partie les maîtres. Bloqué dans sa capitale, Tancrède se décide à sortir de la ville à la tête d'une poignée de braves; il s'avance en silence jusqu'au camp ennemi, et, lorsqu'il est tout près, il fait sonner les trompettes et lance ses escadrons sur les infidèles, qu'ils enfoncent du premier choc.

Un peu plus tard, Bohémond s'étant décidé à aller chercher du secours en Occident, Tancrède fut de nouveau placé à la tête de la principauté d'Antioche. Chaque jour de son gouvernement fut signalé par une victoire; il s'empara de plusieurs villes de la Syrie et de la Cilicie, rendit Alep tributaire d'Antioche et se fit craindre et respecter de tous les satrapes des Turcs et des Arméniens. La prise du château de *Vitulum*, dans les montagnes du Djiblah, fut le dernier exploit de Tancrède. A son retour à Antioche, il tomba malade et mourut peu de jours après (1112), laissant dans le monde, dit Guillaume de Tyr, le souvenir impérissable de ses hauts faits, et, dans l'Eglise, la mémoire éternelle de sa piété et de sa charité.

Et, en effet, Tancrède fit admirer à l'Orient les vertus héroïques d'un véritable chevalier français. Après Godefroi de Bouillon, aucun guerrier de l'Occident n'acquit, auprès des chrétiens et même des infidèles, un plus éclatant renom de générosité, de franchise et de loyauté!

# PRÉCIS

DE

# L'HISTOIRE DES CROISADES.

## CHAPITRE Ier.

*Expéditions des Croisés depuis Pierre-l'Ermite jusqu'à la prise de Jérusalem (1094-1099).*

La Judée, et surtout Jérusalem et ses environs, ont toujours été des lieux de vénération pour le chrétien : de grands et d'augustes souvenirs se rattachent à cette terre de promission ; là était le berceau du Sauveur du monde, le sol qu'il avait sanctifié par ses vertus, ses miracles et ses souffrances, qu'il avait abreuvé de ses sueurs et de son sang ; là était son tombeau. Dès les troisième et quatrième siècles, de nombreux pèlerins venaient visiter ces saints lieux, et, par une austère pénitence, renouveler leur baptême dans les eaux du Jourdain, ou s'exciter à la persévérance des vertus chrétiennes par le souvenir de ceux qui les premiers en avaient donné l'exemple à la terre. La nouvelle ville de Jérusalem qu'Adrien avait fait rebâtir, la grotte où était né le divin législateur du monde, et tous les lieux consacrés par quelque mystère du christianisme avaient été ornés de temples superbes, par la piété de l'impératrice Hélène et de son fils Constantin ; chaque jour la dévotion des fidèles qui venaient les visiter versait sur ces pieux établissements d'abondantes largesses.

Mais vers le milieu du septième siècle, la Palestine tenta l'ambition des disciples de Mahomet. Outre les richesses qu'ils se promettaient de cette conquête, un motif religieux excitait encore leur courage et les poussait à la subjuguer. Eux aussi regardaient Jérusalem comme une ville sainte : selon la foi des musulmans, Mahomet était venu dans la ville de David et de Salomon ; de Jérusalem il était parti pour monter au ciel, dans son voyage nocturne, etc. Aussi lorsqu'Omar, un des premiers successeurs de Mahomet, se fut emparé des fertiles pays de la Syrie, vers l'an 636, il joignit la Palestine à cette conquête. Dès-lors les pèlerinages devinrent plus périlleux, et en même temps plus fréquents : on voyait de toutes parts les riches et les pauvres affluer dans la Palestine. Témoins du zèle des chrétiens, et du prix qu'ils mettaient à la permission de remplir dans ces lieux saints les devoirs de dévotion qu'ils s'étaient imposés, les infidèles leur faisaient chèrement acheter la liberté d'y parvenir et d'y satisfaire leur piété ; ils les rançonnaient dans la route, et leur faisaient éprouver toutes sortes de vexations, autant par cupidité que par haine pour leur religion. Retournés dans leur patrie, les pèlerins ne manquaient pas de raconter les peines qu'ils avaient endurées, et peignaient avec toute la chaleur du zèle le triste état des Saints-Lieux et des chrétiens que la dévotion y avait appelés ou y retenait. Ces récits affligeants touchaient les cœurs, indignaient contre les oppresseurs et faisaient désirer de venger ceux qui en étaient les malheureuses victimes; mais jusqu'en 1094, on s'en tint à des vœux stériles. A cette époque, les gémissements des chrétiens d'Orient retentirent plus efficacement jusqu'au fond de l'Europe, et réveillèrent cet enthousiasme qui donna naissance aux Croisades.

En effet, un gentilhomme picard, nommé Pierre-l'Ermite, se rendit à Jérusalem, auprès de Siméon, patriarche de la ville, ils pleurèrent ensemble les malheurs de la cité sainte. Dans la route, il examina les chemins, rechercha quels étaient les plus sûrs et les plus commodes, ainsi que les ports où l'on pouvait aborder avec moins de difficulté. Il se convainquit de l'inexpérience des barbares, et surtout de leur sécurité, qui promettait une victoire aisée, si l'on voulait seulement courir le risque d'une attaque. De retour en Occident, et muni de ces observations, il vient se jeter aux genoux du Pape et lui présente une lettre du patriarche de Jérusalem, qui dépeignait pathétiquement le triste état des chrétiens de la Terre-Sainte, et demandait un prompt secours.

Ce pape était Urbain II, pontife d'un génie élevé, propre à imaginer et à diriger de grandes entreprises. Il accueillit le pèlerin avec des marques d'approbation encourageantes. L'Ermite, en attendant l'effet des espérances qu'elles lui firent concevoir, visite presque toutes les cours de l'Europe. A la recommandation du Pape, et aussi pour lui-même, comme chevalier pieux et vaillant, il est partout accueilli avec bienveillance. Par les récits vifs et touchants des maux que souffraient les chrétiens, et qu'il avait éprouvés lui-même, il embrasait les cœurs du zèle dont il était enflammé, et tous attendaient avec impatience le développement des moyens d'aller délivrer leurs frères opprimés.

Dès l'année 1094, le pape Urbain avait assemblé un concile à Plaisance pour y plaider la cause des chrétiens d'Orient; mais soit que les seigneurs et les princes italiens ne montrassent pas assez d'enthousiasme pour cette louable entreprise, soit que leur lenteur dans l'exécution des plans conçus ne secondât pas le zèle ardent du saint Pontife, il résolut d'assembler un second synode au sein de la nation la plus brave et la plus belliqueuse, qui donna à plusieurs l'impulsion à l'Europe lorsqu'il fallut exécuter de grandes entreprises.

Ce nouveau concile se tint donc en France, à Clermont, en Auvergne, l'an 1095.

Comme on savait qu'il devait y être question de secours pour la Terre-Sainte, il s'y fit un concours prodigieux de princes, de seigneurs et de nobles de toutes les classes. Les évêques s'y trouvèrent au nombre de trois cent dix. Le souverain Pontife décrivit les maux dont les chrétiens de la Palestine étaient affligés, il en parla avec une onction qui arracha des larmes et des sanglots à toute l'assemblée.

Ce ne fut pas en vain que le souverain Pontife fit un appel à la nation française : flattée et encouragée par l'image de la gloire qu'on lui montrait, elle ne put rester indifférente; toute pleine d'ardeur, elle ne fit entendre que ce cri unanime : « *Dieu le veut!* » « Allez donc, reprend le Pontife, allez, braves chevaliers de Jésus-Christ; allez venger sa querelle; et puisque tous ensemble vous avez crié : *Dieu le veut,* que ce mot venu de Dieu soit le cri de votre entreprise ! » Ces trois mots servirent en effet dans l'armée de devise et de cri de guerre.

Pour distinguer ceux qui s'engageaient dans cette sainte entreprise, il fut ordonné qu'ils porteraient une croix rouge sur l'épaule droite : par la suite on en porta de différentes couleurs. Ils s'appelèrent *croisés*, et c'est de là que les expéditions contre les infidèles reçurent le nom de *croisades*.

Les princes et les seigneurs s'empressèrent de recevoir la croix des mains du souverain Pontife. Le peuple se présenta en foule ; les cardinaux et les évêques en distribuèrent à tous ceux qui se présentèrent, et en prirent eux-mêmes ; et cette marque était comme un vœu de faire le saint voyage.

Après le concile de Clermont, les croisés retournés chez eux inspirèrent à leurs parents et à leurs amis l'enthousiasme dont ils étaient eux-mêmes enflammés ; les évêques commencèrent à prêcher les croisades dans leurs diocèses respectifs, et ils le firent avec tant de succès que tout le monde indistinctement voulait prendre le chemin de l'Asie. D'ailleurs les exhortations de Pierre-l'Ermite, ses mœurs austères, sa charité, l'abondance de larmes qu'il répandait en décrivant l'état déplorable des chrétiens d'Asie avaient attiré sur ses pas une multitude innombrable de peuples de nations différentes, qui brûlait d'aller satisfaire sa dévotion et signaler son zèle contre les infidèles.

Parmi cette foule de personnes qui se croisaient, il y avait beaucoup d'hommes et peu de soldats ; une pareille entreprise aurait échoué dès son commencement, et avant que les croisés fussent sortis de l'Europe, s'ils n'avaient été soutenus par de grands corps de troupes réglées, et commandés par des princes et des seigneurs pleins de valeur et d'expérience, qui assuraient avant de partir la subsistance de ceux qu'ils emmenaient avec eux (1).

La multitude qui suivait Pierre-l'Ermite, impatiente de toucher le sol de la Palestine, ne voulut point attendre les sages préparatifs que l'on faisait en France; elle nomma Pierre son général, partit en 1096 des bords de la Meuse et de la Moselle, se dirigea vers l'Allemagne, et se grossit en chemin d'une foule de pèlerins accourus de la Champagne, de la Bourgogne, et de toutes les contrées de la France. Pierre se vit bientôt à la tête de quatre-vingts ou cent mille hommes. Sans doute tous ces croisés n'étaient pas animés par le même motif : plusieurs ne passaient en Orient que par des vues d'intérêt, et dans l'espérance de s'y établir. Il y en avait qui ne s'enrôlaient dans cette sainte milice que pour ne pas être soupçonnés de lâcheté, un grand nombre pour ne pas se séparer de leurs parents ou de leurs amis.

Cependant la religion était le mobile qui agissait le plus puissamment sur la plus grande partie des croisés ; le désir de visiter les saints lieux et de délivrer des frères d'une injuste oppression, avait produit cet élan unanime qui arrachait, pour ainsi dire, de ses fondements l'Europe presque tout entière.

Parmi les pèlerins, le plus grand nombre allait à pied; quelques cavaliers paraissaient au milieu de la multitude ; d'autres voyageaient montés sur des chars. Tous

---

(1) Nous donnons plus haut la biographie des chefs illustres qui s'armèrent pour la sainte cause de Jésus-Christ.

étaient armés diversement : les uns avaient des lances, les autres des épées, ou seulement des espèces de massues de bois. On voyait la vieillesse à côté de l'enfance, l'opulence près de la misère : le casque était confondu avec le froc, la mitre avec l'épée. On jurait d'exterminer les Sarrasins ; et de toute part retentissait le cri de guerre ; *Dieu le veut! Dieu le veut !* L'enchantement de cette multitude était tel, qu'elle croyait à chaque instant mettre le pied sur la terre promise, et les enfants des villages, lorsqu'une ville ou un château se présentait à leurs yeux, demandaient *si c'était là Jérusalem.*

Pierre-l'Ermite s'était adjoint un lieutenant nommé *Gauthier-sans-Argent* ou *sans avoir.* Il lui donna l'avant-garde à conduire, en lui ordonnant de prendre les devants, pour ne point affamer les pays par lesquels ils devaient tous passer. Tant qu'ils furent en France, la charité des fidèles vint à leur secours : chacun se faisait un devoir de charité de donner de l'argent, des vivres, des rafraîchissements, des vêtements, à ces soldats de Jésus-Christ. Ceux qui n'avaient pu se croiser, se consolaient de ne pas visiter la cité de Dieu, en offrant l'hospitalité aux pèlerins. Mais lorsque l'armée fut arrivée en Allemagne, elle éprouva quelques difficultés à se procurer le nécessaire. Elle s'augmenta cependant encore : beaucoup d'Allemands, entraînés par l'exemple, se joignirent aux soldats de Gauthier, et en grossirent le nombre.

Jusque-là l'armée des croisés n'avait pas eu trop à souffrir. Ce fut lorsqu'elle arriva sur les frontières de la Bulgarie qu'elle rencontra de plus grands obstacles. Non-seulement la foi et la charité de ces peuples étaient moins ferventes que celles des Français, mais encore ils ne voyaient arriver les croisés qu'avec un sentiment d'inquiétude et de crainte. Une si grande multitude d'hommes portait avec elle la disette et la famine dans les pays où elle passait. Pressés par la misère, les croisés se relâchèrent un peu de la modération et de la résignation qu'ils s'étaient d'abord imposées; et le gouverneur de Belgrade leur ayant refusé des vivres, ils se répandirent dans les campagnes et se pourvurent de grains et de troupeaux. Les Bulgares, irrités, fondirent sur les soldats de Gauthier, leur reprirent leur butin, et en firent périr dans les flammes cent quarante qui avaient cherché un refuge dans une église.

Exténués, mourant de faim, les croisés s'enfoncèrent au plus vite dans les forêts de la Bulgarie pour gagner le plus promptement possible Constantinople, où l'empereur Alexis Comnène leur permit d'attendre l'armée de Pierre-l'Ermite.

Cette armée qui traversait alors l'Allemagne allait être plus maltraitée encore que son avant-garde. En arrivant devant Semlin, que les historiens des croisades nomment Malleville, ou Mallevilla, Pierre-l'Ermite vit les dépouilles de quelques croisés suspendues aux portes de la ville. A ce spectacle un cri unanime se fait entendre : « Vengeons nos frères, » le clairon sonne, les croisés prennent les armes et volent au combat. La terreur les a précédés; tout fuit devant eux. La ville est prise d'assaut, et quatre mille Allemands restent sur le champ de bataille.

Aussitôt les Hongrois et les Bulgares courent aux armes pour venger leurs compatriotes; ils s'avancent, Coloman, leur roi, est à leur tête; mais Pierre ne juge pas à propos de l'attendre ; il abandonne la ville, et les croisés, après une marche pénible et manquant de tout, arrivèrent devant Nesla. Tout devint la proie des Bulgares.

L'armée des croisés, réduite de moitié, ne songea plus aux conquêtes. Elle s'avança tristement vers les frontières de la Thrace. La misère de ces pèlerins les servit encore mieux que la terreur qu'ils avaient voulu répandre, et lorsqu'ils furent entrés dans la Thrace, leur état était si déplorable qu'on eut pitié d'eux. L'empereur Alexis les fit réprimander sur leur conduite, et les assura en même temps de sa clémence. Ils poursuivirent en sûreté leur chemin, et trouvèrent, en arrivant sous les murs de Constantinople, l'armée de Gauthier qui les attendait.

Avant que l'expédition sur laquelle les chrétiens d'Orient pouvaient fonder quelque espérance fût prête, il devait partir d'Europe de nouvelles troupes de croisés. L'Allemagne, plus tranquille que la France, voyait avec moins d'enthousiasme le départ des pèlerins : elle n'avait pas encore eu de prédicateur. Un Allemand du Palatinat, nommé Godescale, ou mieux Gotschalk, y prêcha la croisade : et bientôt l'ardeur qui agitait la plus grande partie de l'Europe gagna l'Allemagne.

A la voix des prédicateurs de la guerre sainte, les peuples se croyaient obligés de prendre les armes. Gotschalk obtint le même honneur que Pierre-l'Ermite ; son armée ne fut guère moins nombreuse que celle du cénobite ; et il fut choisi pour général. Il la conduisit en Hongrie vers la fin de l'été de 1096, mais elle eut un sort plus déplorable que celle de Pierre-l'Ermite, qui arracherait des larmes, si sa conduite immodérée n'avait d'avance éteint toute pitié.

Cette année fut remarquable par son abondance : aussi les Allemands se livrèrent à tous les excès de la table. Oubliant la cause sacrée pour laquelle ils avaient pris les armes, et Constantinople, et Jérusalem, et les Saints-Lieux, ils ne laissèrent que des traces ensanglantées de leur passage. Le meurtre, le pillage, les crimes de toute espèce dont ils se déshonorèrent, effrayèrent et armèrent en même temps les peuples chez lesquels ils passaient.

Coloman, roi des Hongrois, instruit par l'expérience des dévastations que causaient les armées des croisés, vint à leur rencontre. Mais soit que les soldats de Gotschalk fussent mieux disciplinés ou plus braves que ceux de l'Ermite, soit que leur présence inspirât une terreur panique aux Hongrois, les premiers combats que ceux-ci soutinrent contre les croisés ne leur furent point avantageux. Coloman, effrayé lui-même de la vive résistance qu'il avait rencontrée, eut recours à la ruse : il feignit de désirer la paix. Les chefs des Hongrois se présentèrent dans le camp des croisés non plus en ennemis, mais en amis, et, à force de protestations et de caresses, ils forcèrent, pour ainsi dire, les croisés à déposer les armes.

Dès que les soldats de Gotschalk furent désarmés, le chef des Hongrois donna le signal ; et ceux-ci s'élancèrent aussitôt sur cette multitude sans défiance et sans armes. On en fit un carnage affreux.

Tels étaient les résultats des guerres civiles, qui avaient longtemps troublé l'Europe.

Il s'assembla dans la même année, 1096, sur les bords du Rhin et de la Moselle, une nouvelle troupe de croisés, plus séditieuse, plus indisciplinée encore que celle de

Gotschalk. Un prêtre, nommé Valkmar, et un comte Emicon, furent les chefs de cette nouvelle croisade. Mais comme les richesses, bien plus que l'intérêt de la religion, étaient le but de ces croisés, ils ne se donnèrent pas la peine d'aller si loin chercher les musulmans, tandis qu'ils avaient sous la main une nation très riche et infidèle. Les Juifs furent donc les victimes de leur avarice. Eux seuls, en effet, possédaient à cette époque la plus grande partie de l'or en circulation; et leur richesse tenta l'avidité de ces croisés, parmi lesquels on voyait un grand nombre de nobles ruinés et réduits à implorer la charité des fidèles. Valkmar et Emicon conduisirent leurs bandes dans les villes commerçantes qui bordent le Rhin, et, à leur voix une multitude déchaînée massacra impitoyablement tous les Juifs qu'elle rencontra sur son passage.

Dans leur désespoir, un grand nombre de ces malheureux aimèrent mieux se donner la mort que de la recevoir de leurs propres ennemis. Au milieu de ces scènes de désolation, l'histoire se plaît à célébrer le zèle éclairé des évêques de Worms, de Trèves, de Spire, qui firent entendre la voix de la religion et de l'humanité, et dont le palais fut un asile ouvert aux Juifs contre la poursuite des meurtriers et des bourreaux.

Bien que la conduite des croisés soit coupable, il faut cependant reconnaître que l'immense richesse et la rapacité des Juifs entrèrent pour beaucoup dans les spoliations dont ils furent l'objet. L'empereur Henri IV, qui régnait alors, s'opposa de son côté, autant qu'il put, à ces cruautés. Il ne se déclara pas seulement le protecteur des Juifs, il les rétablit dans les lieux d'où ils avaient été chassés, et leur fit rendre les biens qu'on leur avait pris.

L'armée de Pierre-l'Ermite, grossie par les débris de celle d'Emicon, et par un grand nombre de Génois, de Vénitiens, de Pisans, d'autres Italiens, pouvait se monter à peu près à cent mille hommes. L'empereur Alexis, inquiet du voisinage d'un si grand nombre d'aventuriers, qui ne laissaient pas de commettre des dégâts, malgré la discipline que Gauthier-sans-Argent avait essayé d'introduire dans son armée, leur fournit des vaisseaux, et les fit transporter au-delà du Bosphore.

Pierre-l'Ermite retourna peu de temps après à Constantinople, d'où il repartit pour suivre la grande croisade. Reconnaissant Gauthier pour leur chef, les croisés se rendirent, sous sa conduite, dans les campagnes fertiles qui bordent le golfe de Nicomédie, et y établirent leur camp. Chaque jour des partis se répandaient dans le voisinage, et revenaient chargés de dépouilles. Tous ceux qu'ils rencontraient étaient des ennemis; et les sujets de l'empereur avaient plus à souffrir de leurs exploits que les Turcs.

Ceux-ci n'avaient certes pas besoin de faire beaucoup d'efforts pour disperser cette foule de personnes mal armées : cependant leur sultan fit cacher une partie de ses soldats dans une forêt, et attendit les croisés avec le reste de ses troupes, dans une plaine au pied des montagnes. Après quelques heures de marche dans un pays inconnu, les chrétiens sont attaqués à l'improviste par les Turcs, dont ils ignoraient la position. Ils se forment à la hâte en bataille, et se défendent d'abord vaillamment; mais l'ennemi avait l'avantage des lieux et du nombre : ils furent bientôt enveloppés de toutes parts, et n'eurent rien autre chose à faire que de se laisser tailler en pièces ; le carnage fut horrible. Gauthier, qui était digne de commander à de meilleurs soldats, tomba percé de sept flèches. Trois mille hommes seulement purent gagner un château voisin de la mer. Toute l'armée périt dans un seul combat, et n'offrit bientôt plus, dans la plaine de Nicée, qu'un monceau d'ossements entassés pêle-mêle : déplorable monument qui devait montrer aux autres croisés le chemin de la Terre-Sainte.

Nous avons parlé plus haut d'une expédition nombreuse, dont les préparatifs se faisaient en France, et qui devait être conduite par ce qu'il y avait de plus illustre dans la noblesse française. En racontant la marche et les exploits des chevaliers français, nous allons retracer de plus nobles tableaux. Ici va se montrer dans tout son éclat l'esprit héroïque de la chevalerie ; ici commence l'époque brillante de la guerre sainte.

On ne vit dans cette première expédition aucun des rois de l'Europe. L'impie Henri IV, empereur d'Allemagne, était dans l'impossibilité de quitter son empire. Philippe Ier, roi de France, allégua différents prétextes. Guillaume-le-Roux, roi d'Angleterre, fils de Guillaume-le-Conquérant, voyait avec indifférence l'enthousiasme des croisades. Il craignait d'ailleurs de quitter les Anglais, encore peu habitués au joug des Normands. Quant aux rois de Castille, d'Aragon et de Navarre, ils étaient assez occupés à défendre leurs États contre les Sarrasins d'Espagne, pour ne pas songer à d'autres entreprises. Mais s'il n'y avait point de rois dans cette expédition, les chefs des armées chrétiennes qui allaient quitter l'Occident étaient déjà célèbres par leur valeur et par leurs exploits.

On comptait parmi ces seigneurs Hugues, surnommé le Grand, frère du roi de France, et comte de Vermandois ; Robert, duc de Normandie, et frère du roi d'Angleterre ; Raimond de Saint-Gilles, comte de Toulouse, qui s'était déjà distingué en Espagne à la tête des armées d'Alphonse VI, roi de Castille, contre les Sarrasins ; Godefroi de Bouillon, duc de la Basse-Lorraine, qui descendait, par les femmes, de Charlemagne, et méritait par son courage et son génie, universellement reconnus, d'être le généralissime de la croisade : il amenait avec lui ses frères, Eustache et Baudouin, et un cousin nommé Baudouin du Bourg. Il y avait encore une multitude d'autres chevaliers plus ou moins célèbres, ou qui, brûlant de le devenir, et n'étant pas assez riches pour faire le voyage, engageaient leurs biens souvent pour une modique somme : entre autres Robert, duc de Normandie, déjà cité, qui vendit son duché à Guillaume-le-Roux, son frère, roi d'Angleterre, pour la somme de dix mille marcs d'argent.

Les Normands établis en Italie ne se préparaient pas avec moins de célérité à aller joindre les croisés français.

Le fameux Bohémond, prince de Tarente, fils de Robert Guiscard ou le Rusé, la terreur des Grecs, des Lombards et des Sarrasins, qu'il avait combattus partout avec avantage, amenait avec lui le brave Tancrède, et se faisait suivre d'une foule de chevaliers normands, les vainqueurs et les conquérants de la Sicile, de la Pouille et de la Calabre. Son armée était de dix mille chevaux et de vingt mille fantassins.

Ce fut huit mois après le concile de Clermont, en 1096, que Godefroi de Bouillon se mit en marche, à la tête de quatre-vingt mille fantassins et de dix mille cavaliers, et accompagné d'un grand nombre de seigneurs allemands et français. Quelques historiens ont prétendu que Godefroi de Bouillon, duc de Lorraine, fut le chef de la croisade; d'autres l'ont nié. Il obtint du moins l'empire que donne la vertu : au milieu de leurs divisions et de leurs querelles, les princes et les barons implorèrent souvent la sagesse de Godefroi ; et, dans les dangers de la guerre, ses conseils étaient comme des ordres absolus.

L'armée que commandait le duc de Lorraine, composée de soldats formés à la discipline, éprouvés dans les combats, offrit à l'Allemagne un autre spectacle que la troupe de Pierre-l'Ermite et celles de Gotschalk et d'Emicon, et rétablit l'honneur des croisés dans tous les pays qu'elle traversa. Il est extrêmement difficile de suivre ces troupes dans leur marche, parce qu'elles ne prirent pas toutes la même route. Ceux des provinces méridionales de la France, par exemple, s'étant mis en marche sous les ordres de Raymond de Saint-Gilles, comte de Toulouse, s'avancèrent jusqu'à Lyon où ils passèrent le Rhône, traversèrent les Alpes, la Lombardie, le Frioul, et dirigèrent leur marche vers le territoire de l'empire grec, à travers les montagnes et les peuples sauvages de la Dalmatie ; tandis que Hugues, frère du roi de France, marcha par l'Italie avec d'autres seigneurs qui s'étaient joints à lui, et descendit jusque dans le royaume de Naples, d'où il passa en Grèce.

L'arrivée de tant de croisés à Constantinople inquiétait extraordinairement l'empereur Alexis. Il aurait bien désiré s'en débarrasser; mais se sentant incomparablement plus faible, il tâcha de mettre de la bonne grâce dans ce qu'il ne pouvait s'empêcher de faire, et prit du reste toutes les mesures possibles pour nuire aux chrétiens. Dès qu'il fut averti de la marche des princes croisés, il leur envoya des ambassadeurs chargés de les complimenter; et, en même temps, des troupes reçurent en secret l'ordre de suivre l'armée chrétienne, et de faire main-basse sur tous les soldats qui s'écarteraient pour fourrager.

Un événement particulier vint ajouter encore aux moyens de sûreté que l'empereur avait pris. Hugues, comte de Vermandois, fut jeté par la tempête sur les côtes de l'Epire; il reçut les plus grands honneurs du gouverneur de Durazzo, et fut mené prisonnier à Constantinople, par les ordres d'Alexis. L'empereur grec espérait que le frère du roi de France deviendrait entre ses mains un otage qui pourrait le mettre à l'abri des entreprises des Latins (ainsi que les Grecs appelaient les chrétiens d'Occident). Cet acte de mauvaise foi ne fit qu'éveiller la défiance et provoquer la haine des princes croisés. A cette nouvelle, Godefroi de Bouillon fit mettre à feu et à sang toutes les terres par où il passait. Alexis, effrayé de la vengeance des chrétiens, promit de relâcher le comte de Vermandois.

Les Latins et les Grecs se méprisaient autant qu'ils se haïssaient. Ceux-ci regardaient les chrétiens d'Occident comme des barbares; mais ils les craignaient, et avec raison, car plusieurs chefs de croisés, entre autres Bohémond, prince de Tarente, cachaient, sous les drapeaux de la croisade, des intentions hostiles : ce dernier n'aspirait à rien moins qu'à renverser l'empereur grec et à se mettre à sa place. Il lui avait déjà fait la guerre, et il avait affaire à un ennemi qu'il connaissait. Mais si les Grecs méprisaient les Latins, ceux-ci le leur rendaient bien ; ils leur reprochaient surtout leur apathie, leur opiniâtreté dans le schisme, leur égoïsme à l'égard des chrétiens de Jérusalem opprimés par les mahométans. Ils en vinrent plusieurs fois aux mains dans les rues de Constantinople.

Enfin l'empereur grec et ses sujets, las de pareils hôtes, cherchèrent à hâter le plus possible leur départ pour l'Asie, tout en conservant les apparences de l'amitié. Alexis corrompit d'abord, autant qu'il put, les chefs des croisés à force de largesses. Il connaissait les intentions perfides du prince de Tarente, ce fut à lui que furent offerts les plus riches présents. Il distribua ses faveurs, ses louanges, ses trésors si adroitement, qu'il sema la zizanie entre plusieurs chefs de croisés, et fit naître la jalousie entre eux. Le comte de Toulouse, Raymond de Saint-Gilles, par exemple, se déclara contre Bohémond, dont il révélait les projets à Alexis.

Les princes croisés, qui étaient partis avec toute la ferveur de vrais chrétiens, ne désiraient rien tant que de combattre l'infidèle. Alexis leur fournit des vivres et des bateaux de transport, mais après en avoir reçu le serment de le reconnaître pour leur seigneur suzerain. Ils s'engagèrent en conséquence à remettre entre les mains de l'empereur les villes dont ils s'empareraient, et qui avaient appartenu à l'empire avant que les Turcs les prissent, et à lui rendre hommage pour les autres conquêtes qu'ils pourraient faire. Alexis adopta Godefroi pour son fils, et mit l'empire sous la protection de ses armes. L'empereur regarda ce traité comme une victoire qu'il avait remportée sur les Latins. Tancrède, le brave Tancrède, fut le seul qui partit de Constantinople sans prêter serment de fidélité à l'empereur. Par cette convention, Alexis s'engageait à joindre ses armes à celles des Latins; il prit la marque de la croisade, et il s'obligea à les fournir de vivres jusqu'à Jérusalem. Si l'empereur eût observé tous les articles du traité avec autant de franchise et de loyauté que les Latins en mirent, il est probable qu'il en eût retiré plus d'avantages. Il aurait du moins conservé l'estime des princes croisés, et aurait pu trouver, dans ceux qui s'étaient véritablement armés pour la délivrance de Jérusalem, un appui contre ceux qui méditaient d'autres projets.

Pour paraître fidèle au traité, Alexis ordonna à ses sujets de côtoyer les rivages de l'Asie-Mineure sur de petites barques, pour aller vendre des vivres aux croisés.

A cette époque, presque toute l'Asie-Mineure était gouvernée par la dynastie des Turcs Seldgioucides ou Seldgeucides. Soliman, fils de Koutoulmische, et arrière-petit-fils de Selgiouck, avait conquis ces belles provinces avec une armée de Turcs ou Turcomans. Cette contrée, connue depuis ce temps sous le nom de Turquie, fut appelée par les Arabes le pays de Roum ou d'Ezéroum. On lui donna encore le nom de monarchie d'Iconium ou de Cogni, parce qu'après la prise de Nicée, les sultans turcs firent d'Iconium, ville de Lycaonie, la capitale de leurs états. Le royaume de Roum s'étendait depuis l'Oronte et l'Euphrate jusqu'au voisinage du Bosphore, et comprenait les plus riches provinces de l'Asie-Mineure. Djelaleddin, fils de Soliman, surnommé *Kilidge-Arslan*, c'est-à-dire *l'Epée du Lion*, et appelé aussi par nos historiens Soliman-le-Jeune, régnait alors sur la nation turque; il avait un génie fécond en ressources, et un caractère inébranlable dans les revers. Nicée était la capitale de ses Etats.

A l'approche des croisés, il appela ses sujets et ses alliés à sa défense; et de toutes les parties de son empire et même de la Perse, les plus courageux champions de l'islamisme vinrent se ranger sous ses drapeaux.

Les croisés, dont l'armée se montait à plus de cent mille cavaliers et à cinq cent mille fantassins, dirigèrent d'abord leurs coups sur la ville de Nicée, capitale de la Bithynie. Cette place, entourée d'une double enceinte, était encore protégée par trois cent soixante-dix tours de pierre ou de brique, par une garnison composée de l'élite des guerriers des Turcs, et par Kilidge-Arslan, qui campait avec cent mille hommes sur les montagnes voisines. Comme on manquait de pierres et de bois pour la construction des retranchements, on employa les ossements des croisés restés sans sépulture dans les campagnes voisines de Nicée.

Dans la foule immense des croisés, chaque comte, chaque prince ne recevait des ordres que de lui-même. L'armée chrétienne présentait l'image d'une république sous les armes. Le zèle était si grand, que les chefs faisaient le service des soldats, et que ceux-ci n'attendaient jamais le signal pour courir à la victoire ou à la mort. Dès les premiers jours du siége, les chrétiens livrèrent plusieurs assauts, dans lesquels ils firent inutilement des prodiges de valeur. Kilidge-Arslan descendit alors des montagnes où il était campé, et vint avec ses Turcs attaquer l'armée des croisés. Les Provençaux, les premiers assaillis, plièrent d'abord sous le choc impétueux de l'ennemi, mais ils se rallièrent à la voix de Raymond. Alors les deux armées, dit l'historien Mathieu d'Edesse, se joignirent, se mêlèrent, et s'attaquèrent avec une égale furie. On voyait partout briller les casques et les boucliers ; on entendit le choc des cuirasses et des lances qui se heurtaient dans la mêlée. L'air retentissait de cris perçants ; les chevaux effrayés reculaient au bruit des armes, au sifflement des flèches ; la terre tremblait sous les pas des combattants, et la plaine était au loin hérissée de javelots.

Les Turcs furent mis en déroute ; mais, loin de se décourager, ils revinrent le lendemain au combat, frémissants de rage, et brûlant de venger la honte de la veille. Cette seconde bataille, qui dura tout le jour, et dans laquelle ils montrèrent le courage du désespoir uni à tous les stratagèmes de la guerre, ne leur fut pas plus favorable.

Après cette victoire, les croisés serrèrent la ville de plus près. Mais la défense était aussi vive que l'attaque.

Cependant, si les croisés remportaient tous les jours quelques avantages, la résistance des assiégés n'était pas moins vive. Après un siège de sept semaines, les Turcs avaient perdu l'espoir de sauver Nicée, lorsque l'empereur Alexis, qui craignait moins les Sarrasins que les Latins, et qui ne voulait pas que l'un triomphât de l'autre entièrement, vint par sa politique adroite dérober aux armes des croisés l'honneur d'une conquête assurée.

Il avait envoyé à l'armée chrétienne un faible détachement de troupes grecques, ainsi qu'il y était obligé par le traité, et deux généraux, moins pour combattre que pour espionner et négocier. Dès que ces officiers virent l'état désespéré des assiégés, l'un d'eux, nommé Butumite, pénétra dans la ville, fit redouter aux habitants l'inexorable vengeance des Latins, et les pressa de se rendre à l'empereur de Constantinople, les assurant de sa clémence et de sa générosité. Ses propositions furent écoutées; et lorsque les croisés se disposaient à livrer un dernier assaut, les étendards grecs parurent tout-à-coup sur les remparts et les tours de Nicée. Il est difficile de peindre l'étonnement et l'indignation des croisés à cet aspect. Les soldats rentrèrent sous leurs tentes en frémissant de rage. Leur fureur s'accrut bien plus encore lorsqu'on leur défendit d'entrer plus de dix à la fois dans une ville qu'ils avaient conquise au prix de leur sang, et qui renfermait les immenses richesses de Kilidge-Arslan, qu'on leur avait promises. L'empereur ne put apaiser les murmures qu'à force de largesses.

L'empereur reçut la plupart des chefs de la croisade à Pélecane, ville de l'Asie-Mineure, située près du Bosphore. Il loua leur bravoure, et les combla de présents. Après s'être emparé de Nicée, il remporta une nouvelle victoire qui ne flatta peut-être pas moins sa vanité; il triompha enfin de l'orgueil de Tancrède, qui lui porta le serment de fidélité et d'obéissance. Cependant il n'étouffa point les soupçons que l'on avait conçus de sa perfidie; et le reste de sa conduite les confirma tout-à-fait.

Alexis voulant, par sa prudence, se faire des amis partout, songea à s'allier secrètement avec les Turcs. Il n'en fallut pas davantage pour renouveler toutes les haines ; et, depuis cette époque, la guerre fut presque déclarée entre les Grecs et les croisés.

Après s'être reposés quelque temps dans le voisinage de Nicée, les croisés firent leurs dispositions pour se mettre en marche vers la Syrie et la Palestine. Ils avaient divisé leur armée en deux corps : le premier était commandé par Godefroi, Raymond, Adhémar, Hugues-le-Grand et le comte de Flandre, et traversait la plaine de Dorylée ; l'autre marchait sous les ordres de Bohémond, de Tancrède et du duc de Normandie. Ce second corps côtoyait une petite rivière, et s'avançait dans une vallée, à laquelle les historiens latins ont donné le nom de Gorgoni. Ils croyaient n'avoir rien à redouter lorsque, le 2 juin 1097, dès la pointe du jour, les coureurs et des nuages de poussière annoncèrent que l'ennemi n'était pas loin.

Kilidge-Arslan en effet n'avait quitté Nicée après sa défaite que pour faire un nouvel appel aux disciples de Mahomet. Il avait remonté et considérablement augmenté son armée : elle était de 200,000 hommes. Bohémond se hâta de faire les dispositions nécessaires pour recevoir les Turcs.

Le prince de Tarente avait à peine achevé ces préparatifs que les Sarrasins accoururent en poussant de grands cris, et en lançant une nuée de traits. Cette décharge fit peu de mal aux cavaliers ; mais elle blessa beaucoup de chevaux, ce qui commença à mettre du désordre dans les rangs. Bohémond voulait, pour donner le signal de l'attaque, attendre que l'ennemi se fût plus approché ; mais les cavaliers, impatients de se servir de la lance, ne purent supporter plus longtemps que les Turcs continuassent d'abimer leurs chevaux de flèches. Ils fondent sur les Sarrasins; ceux-ci évitent la mêlée : à mesure que les croisés se présentent devant eux, ils ouvrent leurs rangs, se dispersent, se rallient à quelque distance, et obscurcissent l'air d'une grêle de traits. La rapidité de leurs chevaux les seconde dans leurs évolutions, et les dérobe à la poursuite des chrétiens, qu'ils combattent en fuyant.

Cette sorte de combat était tout à l'avantage des Turcs. Les sages dispositions de Bohémond devenaient inutiles; alors chaque cavalier, sans direction ni frein, s'abandonna à son ardeur.

L'armée chrétienne, environnée de toutes parts, battait en retraite devant les Sarrasins, dont le nombre paraissait s'augmenter sans cesse. Il est impossible de peindre la confusion et le désordre qui régnaient dans le camp.

Tout-à-coup, Godefroi paraît à la tête de cinquante cavaliers, qui accourent bride abattue; ils précèdent la seconde division de l'armée chrétienne : bientôt elle est arrivée dans la plaine fumante encore du sang des chrétiens. Kilidge-Arslan fait alors sonner la retraite; mais les croisés demandent à grands cris qu'on recommence le combat. Ceux même qui ont combattu depuis le matin ne veulent point prendre de repos. L'armée chrétienne se range aussitôt en bataille. Les soldats et les chefs, tirant leur épée et menaçant l'ennemi, s'écrient tous ensemble : *Dieu le veut! Dieu le veut!* Ce cri de guerre est répété par les échos des montagnes et des vallées. Enfin, les croisés s'ébranlent, et marchent pleins d'assurance contre les Turcs, pour qui les rochers et les collines semblent un sûr asile.

Les Turcs se trouvèrent environnés d'une forêt de lances, et ne songèrent plus qu'à fuir à travers les bois et les rochers. Un grand nombre d'émirs, trois mille officiers et plus de vingt mille soldats perdirent la vie dans la bataille et dans la fuite. Le camp des ennemis tomba au pouvoir des vainqueurs.

Instruits par l'expérience, les croisés ne se séparèrent plus comme ils l'avaient fait en entrant dans la Phrygie; mais un autre fléau plus terrible que les Turcs vint les accabler. Le sultan de Nicée, en fuyant la rage dans le cœur, avait ordonné à ses troupes de ravager entièrement le pays. Les moissons furent brûlées; les habitants des villes furent obligés d'abandonner, en gémissant, leurs maisons incendiées par les Turcs. Les rives riantes du Méandre et du Caïstre virent leurs fertiles prairies et les bois qui les ornaient se changer en monceaux de cendres; et plusieurs provinces n'offrirent bientôt plus qu'un horrible et triste désert.

Les croisés, qui n'avaient point prévu que la fureur des Turcs se porterait jusqu'à cette extrémité, s'avancèrent dans un pays aride et brûlé, et se trouvèrent surpris par la faim et par la soif. La plupart d'entre eux ignoraient non-seulement la position géographique des provinces qu'ils croyaient avoir conquises, mais même leur nom. Incertains de la marche qu'ils devaient tenir dans une contrée entièrement abandonnée de ses habitants, ils s'enfoncèrent toujours davantage dans ce désert. En peu de temps toute la cavalerie se trouva démontée, les chevaux n'ayant pu trouver de pâturage. La plupart des chevaliers, qui méprisaient les fantassins, furent alors obligés de marcher à pied, et souffrirent bien plus que les autres, à cause du poids de leur armure. Presque tout le bagage de l'armée et les richesses qu'on avait trouvées dans le camp de Kilidge-Arslan, furent abandonnées. Quelques béliers, chèvres, porcs, chiens et autres animaux qui suivaient l'armée, et qui purent résister à ce climat brûlant, portèrent le peu de vivres qui restaient aux croisés.

Ils traversaient alors la partie de la Phrygie que les anciens appelaient la *Phrygie brûlée*. Ce fut là qu'ils éprouvèrent toutes les horreurs de la soif; les plus robustes soldats ne pouvaient résister à ce terrible fléau. On lit, dans Guillaume de Tyr, que cinq cents personnes périrent dans un seul jour.

Cependant les chefs des croisés accéléraient la marche autant que possible; ils furent enfin assez heureux pour gagner la Pisidie.

Comme le bruit de leur marche et de leurs victoires s'était répandu jusque dans les provinces les plus reculées, la plupart des villes de l'Asie-Mineure, les unes par crainte, les autres par affection pour les chrétiens, leur envoyèrent des députés pour leur offrir des secours, et leur jurer obéissance. Alors les croisés se virent maîtres de plusieurs pays qui leur étaient totalement inconnus.

Jusqu'à ce temps la paix avait régné parmi eux, et leur union faisait leur force : tout-à-coup la discorde éclata entre les chefs. Tancrède et Baudouin, frère de Godefroi, quittèrent Antiochette, tant pour poursuivre quelques bandes de Turcs qui se montraient çà et là dans les campagnes, que pour se procurer des vivres. Ils s'avancèrent dans la Lycaonie jusqu'à la ville d'Iconium (aujourd'hui Konich, dans la Caramanie); mais trouvant le pays abandonné, ils dirigèrent leur marche vers le rivage de la mer, à travers les montagnes de la Cilicie.

Tancrède, qui marchait le premier, arriva sans obstacle sous les murs de Tarse. Les Turcs qui défendaient la place promirent de se rendre s'ils ne recevaient point de secours avant une époque fixée. Lorsque le corps que Baudouin commandait arriva, les drapeaux de Tancrède flottaient sur les tours de Tarse; et les habitants de la ville, la plupart chrétiens, se réjouirent en voyant arriver de nouveaux croisés.

Mais les prétentions de Baudouin troublèrent la joie générale. Le frère de Godefroi s'indigna de voir les drapeaux de Tancrède et de Bohémond sur les murs de Tarse; il prétendit que sa troupe étant plus nombreuse, la ville devait lui appartenir, et demanda que les dépouilles des habitants et de la garnison fussent partagées. Le pieux, le généreux Tancrède, rejeta avec horreur cette proposition, et dit qu'il n'avait point pris les armes pour piller les villes des chrétiens. A ces mots, Baudouin en fureur se répand en injures grossières contre Tancrède, Bohémond et la race des aventuriers normands. Après de longs débats, l'on convient que l'affaire sera décidée par les habitants. Ceux-ci penchent d'abord pour Tancrède, dont la douceur et l'humanité les ont charmés; mais intimidés par les menaces que leur fait Baudouin de sa colère et de sa vengeance, ils se décident pour lui. Les croisés italiens et normands veulent venger cet outrage; mais leur chef leur fait entendre la voix de la modération :

ils s'apaisèrent et quittèrent la ville, pour chercher d'autres conquêtes.

Baudouin entra en triomphe dans la place. Il craignit tellement qu'on ne la lui disputât, qu'il refusa d'ouvrir les portes à trois cents croisés italiens qui venaient joindre Tancrède, croyant le trouver à Tarse, et qui demandaient un asile pour passer la nuit. Ceux-ci, obligés de coucher dans la campagne, furent surpris et massacrés par les Turcs. Quelque temps après, Baudouin se mit en marche et suivit les traces de Tancrède. Quand il parut à la vue de Malmistra, dont les croisés italiens venaient de s'emparer, ceux-ci furent persuadés qu'il venait encore pour leur arracher cette conquête, et se disposèrent à repousser la force par la force.

Tancrède voulut apaiser ses soldats irrités, mais des murmures s'élevèrent contre lui.

La nuit ramena le calme dans les esprits. Les deux chefs jurèrent d'oublier leurs querelles.

Lorsque Tancrède et Baudouin revinrent au camp de l'armée chrétienne, le premier entendit louer partout sa bravoure et sa modération, tandis que la présence de l'autre ne fit qu'exciter les murmures. Godefroi blâma hautement l'avarice et l'ambition de son frère. Mais celui-ci s'en consola aisément par l'occasion brillante que vint lui offrir la fortune, de réaliser ses projets ambitieux.

Un prince arménien, nommé Pancrace, et qui avait régné dans l'Ibérie septentrionale, était venu se joindre à l'armée chrétienne pendant le siége de Nicée. Remarquant le caractère entreprenant de Baudouin, il lui vanta les riches provinces qui s'étendaient sur les rives de l'Euphrate et du Tigre. Ce prince avait été chassé de son royaume par ses sujets ; il espérait s'y rétablir avec le secours des armes de Baudouin. Ces contrées, ajoutait-il, étaient habitées par un grand nombre de chrétiens. Ces discours enflammèrent l'ambition de Baudouin : il alla, en 1097, conquérir la Mésopotamie avec deux cents cavaliers et quinze cents fantassins seulement, qui se hasardèrent à suivre sa fortune. A la tête de sa petite armée, Baudouin s'avança jusque dans l'Arménie. La consternation régnait parmi les Turcs, et toutes les villes venaient lui apporter leurs clefs.

Comme deux ambitieux ne peuvent vivre ensemble, Baudouin et Pancrace ne tardèrent pas à se séparer. Le frère de Godefroi dirigea alors sa marche vers Edesse, en Mésopotamie. Cette ville avait échappé à l'invasion des Turcs, et tous les chrétiens du voisinage s'y étaient réfugiés avec leurs richesses. Un prince grec, nommé Théodore, envoyé par l'empereur de Constantinople, en était gouverneur, et s'y maintenait à force d'habileté. Il payait tribut aux Sarrasins, dont il s'appuyait contre les Turcs. La réputation de Baudouin était si grande dans ces contrées, que les peuples accouraient à sa rencontre, le conduisaient en triomphe dans leurs villes, et le regardaient comme un libérateur.

Comme il avait placé des garnisons dans quelques villes, il n'entra dans Edesse qu'à la tête de cent cavaliers ; mais il était escorté d'une population nombreuse, qui l'entourait de son amour et de son admiration. Baudouin, rusé et politique, profitant de la faveur populaire, feignit, au bout de quelque temps, de vouloir quitter Edesse, quoique Théodore, pour se l'attacher, lui eût offert d'immenses richesses. Les habitants, qui redoutaient son départ, s'assemblèrent, et le conjurèrent de rester parmi eux. Il déclare alors qu'il ne défendra désormais que les Etats qui seront les siens. Le prince d'Edesse était vieux et sans enfants; d'ailleurs il savait qu'il était impossible de résister à la volonté du peuple lorsqu'elle s'est fortement prononcée; il cède, annonce qu'il adopte Baudouin pour son fils, et le désigne son successeur. Des cris de joie partent de toutes parts, et la cérémonie de l'adoption a lieu en présence des croisés et des habitants.

L'ambitieux croisé voulut agrandir ses Etats; et, suivi de ses cavaliers et des troupes de Théodore, il se mit en campagne; mais il fut battu par les Turcs. De retour à Edesse, il accusa son père de ses revers. Les Edessiens, aveuglés par leur enthousiasme sur l'ambition de Baudouin, se déclarèrent pour lui : le peuple s'ameuta ; et le généreux Théodore fut obligé de se retirer dans la citadelle pour se défendre contre ses sujets. L'ingrat, le perfide Baudouin aurait pu, profitant de son ascendant sur cette multitude aveugle, prendre sous sa défense ce malheureux vieillard, dont la sage administration avait jusqu'alors garanti la Mésopotamie de l'invasion des Turcs ; mais il n'en fit rien, et Théodore, pour échapper à une mort certaine, fut forcé d'abdiquer.

Baudouin fut proclamé le libérateur et le maître d'Edesse. Assis sur ce trône, et redoutant l'humeur inconstante du peuple, il l'occupa à la guerre. Avec ses armes il recula les limites de son territoire, et, en épousant la fille d'un prince arménien, il étendit ses possessions jusqu'au mont Taurus. Toute la Mésopotamie, les deux rives de l'Euphrate reconnurent son autorité, et l'Asie vit alors un chevalier français régner sans obstacle sur les riches provinces de l'ancien royaume d'Assyrie.

Cependant la grande armée des croisés n'était pas arrivée au but de son voyage en Palestine. Lorsqu'elle eut dépassé la chaîne du mont Taurus, et qu'elle eut jeté les regards sur les fertiles plaines de la Syrie, qui s'étendaient au loin devant elle, elle en éprouva autant de joie que le célèbre Annibal à sa descente des Alpes.

La première ville qui arrêta les croisés fut Antioche. L'aspect de cette ville, célèbre dans les annales du christianisme, ranima l'enthousiasme des croisés. Les chefs délibérèrent longtemps pour savoir s'ils devaient en entreprendre le siége. Ils pressentaient les fatigues infinies, les dangers certains auxquels ils allaient s'exposer. La seule vue des hautes tours de la ville, de ses remparts inexpugnables, décourageait le plus grand nombre. Cependant l'avis des plus téméraires l'emporta, et les autres se turent, pour ne pas être accusés de timidité.

L'année 1097 finissait, et l'on allait entrer en hiver, lorsque ce siége mémorable commença. Baghisian, ou Accien, était gouverneur d'Antioche, et commandait 7,000 hommes de cavalerie et 20,000 d'infanterie.

Les chefs et les soldats de l'armée chrétienne firent des prodiges de valeur.

Kerbogha, sultan de Mossoul, s'avança à la tête de deux cent mille hommes pour forcer les chrétiens à lever le siége d'Antioche. Alors les croisés, placés entre la garnison d'Antioche et une armée formidable, avaient tout à craindre s'ils ne parvenaient à s'emparer promptement de la ville. Enfin, après de cruelles alternatives de succès et de revers, toute l'armée chrétienne fut sur les remparts, et la ville retentit du cri terrible : *Dieu le veut! Dieu le veut!* Une partie de la garnison fut massacrée; ce qui put échapper au glaive des chrétiens se réfugia dans la citadelle de la ville; Baghisian périt en fuyant. Dans cette nuit terrible, Antioche perdit dix mille de ses habitants.

Au milieu de cette sanglante victoire, Bohémond ne négligea point de prendre possession d'Antioche; et lorsque le jour parut, on vit flotter son drapeau rouge sur l'une des plus hautes tours de la ville.

Le pillage d'Antioche avait procuré d'immenses richesses aux croisés, mais peu de vivres. Trois jours s'écoulèrent au milieu des réjouissances; mais le quatrième fut un jour de crainte et de deuil. L'armée formidable des Sarrasins, commandés par Kerbogha, sultan de Mossoul, venait de déployer ses tentes sur les bords de l'Oronte, au pied des murailles d'Antioche. Le sultan de Nicée, Kilidge-Arslan, le sultan d'Alep, celui de Damas, et vingt-huit émirs de la Perse, augmentaient le nombre de ses troupes.

On s'aperçut qu'on n'avait point assez de vivres pour soutenir un siège; et pour surcroît de malheur, deux des plus valeureux chefs de l'armée étaient hors de combat. Raymond, ce brave Toulousain, était blessé depuis quelque temps, et Bohémond venait de l'être dans une sortie: de manière que malgré les prodiges de valeur du duc de Lorraine, et de Tancrède, les chrétiens furent obligés de se renfermer dans une ville qu'ils venaient de conquérir.

Le découragement et le désespoir commencèrent alors à s'emparer de nouveau des croisés assiégés. La famine ramena la désertion. Les croisés s'échappaient pendant les ténèbres de la nuit. Tantôt ils se précipitaient dans les fossés de la ville, au risque de perdre la vie ; tantôt ils descendaient à l'aide d'une corde le long des remparts. L'épithète ignominieuse de *sauteurs de corde* flétrit leurs compagnons d'armes.

Cependant les musulmans poussaient le siége avec vigueur. Les chefs des croisés sentirent que plus ils tarderaient à risquer le combat, plus la famine et la désertion étendraient leurs ravages. Ils étaient d'ailleurs menacés au-dedans et au-dehors ; la garnison, qui s'était renfermée dans la citadelle, leur donnait une grande inquiétude, car elle n'aurait pas manqué de tomber sur eux au premier assaut que Kerbogha leur aurait livré ; et la grande armée des Sarrasins bloquait si étroitement la ville, qu'ils ne pouvaient espérer de recevoir le moindre secours des Génois ni des Pisans.

Raymond de Saint-Gilles, qui n'était pas encore en état de combattre, resta dans la ville avec ses Provençaux pour observer la garnison. L'armée chrétienne sortit d'Antioche au bruit des trompettes et enseignes déployées. Les musulmans furent étonnés de la hardiesse des croisés ; ils s'attendaient d'un jour à l'autre à recevoir leur capitulation. Toutefois, ils se rangent en bataille, et s'avancent bravement contre leurs ennemis. Le choc fut terrible, et l'action sanglante. Les chrétiens gagnaient du terrain d'un côté ; mais, attaqués par un campement si supérieur en nombre, ils faiblissaient d'un autre.

Kilidge-Arslan, qui avait à venger la honte de plusieurs défaites, se battait comme un lion. Il faillit, par un stratagème, détruire entièrement l'armée des croisés, mais ce fut, au contraire, ce qui décida la victoire en leur faveur. Au milieu de la chaleur du combat, il fit jeter des étoupes allumées parmi les bruyères et les herbes sèches qui couvraient la plaine. Bientôt il s'éleva un incendie qui environna les chrétiens de tourbillons de flamme et de fumée. Ils ne voyaient ni n'entendaient plus leurs chefs, ils ne pouvaient plus songer à rentrer dans la ville, sans s'exposer à une déroute complète. Dans leur désespoir, tous, par un mouvement unanime et spontané, marchent droit devant eux. Ils enfoncent et culbutent tout ce qu'ils rencontrent. Leur impétuosité ne trouve plus d'obstacles ; et en un instant cette multitude immense de Sarrasins, de Turcs, se répand en désordre dans la plaine ; toutes les campagnes environnantes en sont couvertes. Plusieurs chevaliers avaient été forcés de combattre à pied, n'ayant point de chevaux. Ils en trouvèrent dans le camp des vaincus, et se mirent aussitôt à leur poursuite. Les vainqueurs mirent le feu à des retranchements derrière lesquels s'était réfugiée l'armée ennemie. Un grand nombre de musulmans y périrent au milieu des flammes.

Au rapport de plusieurs historiens contemporains, les infidèles laissèrent cent mille hommes sur le champ de bataille. Quatre mille croisés perdirent la vie dans cette glorieuse journée.

La victoire d'Antioche parut un événement si extraordinaire aux Sarrasins, que plusieurs abandonnèrent la religion de leur prophète. Ceux qui défendaient la citadelle se rendirent à Raymond le même jour.

Les princes croisés, toujours unis sur le champ de bataille, étaient trop souvent divisés dans la paix. Six mois s'écoulèrent après la prise d'Antioche, et les chrétiens les passèrent en vains débats.

L'armée chrétienne diminuait d'une manière effrayante. Une épidémie enlevait tous les jours un grand nombre de personnes ; et beaucoup de chevaliers, ennuyés des longs débats des princes croisés, avaient quitté la ville d'Antioche : les uns étaient allés joindre le prince d'Edesse, les autres étaient retournés dans leur patrie ; d'autres, tourmentés par l'ambition et par un génie aventureux, suivis de quelques compagnons, cherchaient des principautés et soumettaient les villes et les villages de la Syrie et des provinces voisines. Hugues-le-Grand, comte de Vermandois, et Baudouin, comte de Hainaut, furent les deux chefs les plus célèbres que perdit l'armée chrétienne. Ils étaient partis pour Constantinople dans le dessein de rappeler à Alexis qu'il avait promis de joindre les croisés : le comte de Hainaut fut massacré par un parti de Turcs, en passant par l'Asie-Mineure ; Hugues, qui avait pris un autre chemin, arriva à Constantinople ; mais n'ayant pu rien obtenir de l'empereur, honteux de revenir au camp sans avoir réussi dans son entreprise, il repassa en France.

Les croisés n'avaient tant tardé à quitter Antioche, que par l'espérance qu'ils avaient d'être joints par quelque renfort, ou par l'empereur Alexis même. Mais enfin Raymond, insatiable de conquêtes, donna le signal du départ. En passant devant une ville située au pied du mont Liban, à deux lieues de la mer, et nommée Archas, Raymond, à l'exemple de Bohémond, voulut la prendre pour lui, et, malgré le petit nombre de ses soldats, il en forma le siège. Après des efforts malheureux, et menacé par ses troupes de se trouver abandonné, le comte de Toulouse se vit forcé de renoncer à cette place.

Les chefs des croisés, chemin faisant, eurent le doux plaisir de voir revenir sous leurs drapeaux un assez grand nombre de chrétiens qu'ils croyaient morts, et qui avaient été faits prisonniers par les musulmans. Ceux-ci, effrayés de l'approche des chrétiens, avaient rendu la liberté à leurs prisonniers pour désarmer le courroux des soldats de la croix. En côtoyant les bords de la mer, l'armée chrétienne reçut encore un renfort de nouveaux croisés partis de la Flandre, de la Hollande, et des îles Britanniques. Parmi ces nouveaux guerriers on remarquait Edgard Atheling, qui, après la mort d'Arold, avait disputé la couronne d'Angleterre à Guillaume-le-Conquérant. Bohémond accompagna l'armée chrétienne jusqu'à Laodicée, et revint dans Antioche sa capitale, après avoir promis à ses compagnons de les rejoindre devant Jérusalem.

Depuis quelques mois, le calife d'Egypte s'était emparé de Jérusalem. Avant d'arriver à cette ville, l'objet de la croisade, l'armée chrétienne eut encore une bataille à livrer : elle fut attaquée par l'émir de Tripoli; une prompte et sanglante défaite paya la témérité du prince musulman.

Ce fut le 10 juin 1099 que la ville sainte apparut aux regards des croisés. Les premiers qui l'aperçurent des hauteurs d'Emaüs s'écrièrent ensemble : Jérusalem! Jérusalem! Ceux qui marchaient aux derniers rangs accoururent pour voir cette ville, objet de tous leurs vœux. Les mots *Dieu le veut! Dieu le veut!* sont répétés par toute l'armée, et retentissent sur la montagne de Sion et sur celle des Oliviers, qui s'offrent à la vue des croisés. Les cavaliers descendent de cheval, et marchent les pieds nus. Les uns se jettent à genoux à l'aspect des saints lieux, les autres baisent avec respect une terre honorée par la présence du Sauveur; tous renouvellent le serment de délivrer la Terre-Sainte du joug sacrilége des musulmans.

Dès le lendemain de leur arrivée, les croisés s'occupèrent de former le siége de la place, quoique l'armée se montât à 50,000 hommes. Ce qui enflamma encore le zèle des croisés pour la délivrance de la ville sainte, ce fut l'arrivée parmi eux d'un grand nombre de chrétiens sortis de Jérusalem, et qui, privés de leurs biens, chassés de leurs maisons, venaient chercher des secours et un asile au milieu de leurs frères d'Occident. Ces chrétiens racontaient les persécutions qu'avaient fait essuyer les musulmans à tous ceux qui adoraient Jésus-Christ. Les femmes, les enfants, les vieillards étaient retenus en otage; ceux qui se trouvaient en état de porter les armes étaient condamnés à des travaux au-dessus de leurs forces.

Les préparatifs de l'attaque se pressaient avec une incroyable activité; chaque jour des machines formidables s'élevaient et menaçaient les remparts des Sarrasins. Leur construction était dirigée par Gaston de Béarn, dont les historiens vantent la bravoure et l'habileté. Parmi ces machines, on remarquait trois énormes tours d'une structure nouvelle: chacune de ces tours avait trois étages; le premier, destiné aux ouvriers qui en dirigeaient les mouvements; le second et le troisième, aux guerriers qui devaient livrer l'assaut. Ces trois forteresses roulantes s'élevaient plus haut que les murailles de la ville assiégée. On avait adapté au sommet une espèce de pont-levis qu'on pouvait abattre sur le rempart, et qui devait offrir un chemin pour pénétrer jusque dans la place.

Tandis que les croisés faisaient les apprêts du siége, les Sarrasins, rassemblés sur les remparts de Jérusalem, élevaient en l'air des croix qu'ils accablaient d'outrages, et juraient par la pierre mystérieuse de Jacob de défendre une ville qu'ils appelaient *la Maison de Dieu*.

Le jeudi 14 juillet 1099, dès que le jour parut, les clairons retentirent dans le camp des chrétiens ; tous les croisés volèrent aux armes ; toutes les machines s'ébranlèrent à la fois ; des pierriers et des mangonneaux lançaient contre l'ennemi une grêle de cailloux, tandis qu'à l'aide des tortues et des galeries couvertes, les béliers s'approchaient du pied des murailles.

Malgré la fureur du premier choc des chrétiens, ils trouvèrent partout une résistance opiniâtre. Les flèches et les javelots, l'huile bouillante, le feu grégeois, quatorze machines que les assiégés avaient eu le temps d'opposer à celles de leurs ennemis, repoussèrent de tous côtés l'attaque et les efforts des assaillants. Les infidèles, sortis par une brèche faite à leurs remparts, entreprirent de brûler les machines des assiégeants, et portèrent le désordre dans l'armée chrétienne. Vers la fin de la journée, les tours de Godefroi et de Tancrède ne pouvaient plus se mouvoir ; celle de Raymond tombait en ruines. Le combat avait duré douze heures, sans que la victoire eût paru se décider pour les croisés ; la nuit vint séparer les combattants. Les chrétiens rentrèrent dans leur camp en frémissant de rage et de douleur.

Le lendemain, même combat, même fureur et même résistance. Les assaillants déploraient leur sort, et se croyant abandonnés par Jésus-Christ, restaient immobiles sur le champ de bataille.

Mais le combat allait bientôt changer de face ; les assiégeants, embrasés d'ardeur, reviennent à la charge. Les Sarrasins reculent à l'aspect des lances et des épées des chrétiens. Godefroi, suivi de ses plus braves chevaliers, rompt les rangs des ennemis, les poursuit, et s'élance sur leurs traces dans Jérusalem. Les croisés, guidés par leur intrépide chef, pénètrent avec lui dans les rues, massacrent tout ce qu'ils rencontrent, et enfoncent à coups de haches les portes de la ville. L'armée chrétienne s'y précipite et Jérusalem retentit du cri de victoire : *Dieu le veut ! Dieu le veut !*

Dans l'enivrement d'une victoire aussi signalée, le carnage fut horrible ; ceux qui se trouvèrent encore les armes à la main, comme ceux qui les avaient déjà déposées, des femmes, des enfants, subirent la dure loi des vainqueurs. Un grand nombre de Sarrasins, pour ne pas tomber entre les mains des croisés, se précipitèrent du haut des tours et des maisons ; et les juifs éprouvèrent à peu près le même sort. Le nombre des victimes monta à soixante-dix mille. Paisibles possesseurs de la cité sainte et n'ayant plus rien à craindre de la part des ennemis, les croisés quittèrent leurs armes, et allèrent pieds nus se prosterner devant le Saint-Sépulcre.

## CHAPITRE II.

Godefroi de Bouillon. — Baudouin Ier (1099-1118) (1).

Le duc de Lorraine avait, par sa conduite, si bien captivé l'estime et l'admiration de l'armée, que les croisés, pour récompenser son courage, s'accordèrent à lui offrir le trône de Jérusalem. Ils le conduisirent en triomphe à l'église du Saint-Sépulcre, où il prêta serment de respecter les lois de l'honneur et de la justice. Godefroi de Bouillon refusa le diadème et les marques de la royauté, en disant qu'il n'accepterait jamais une couronne d'or dans une ville où le Sauveur avait été couronné d'épines. Il se contenta du titre modeste de défenseur et de baron du Saint-Sépulcre; mais il mérita par ses vertus le titre de roi, que l'histoire lui a donné, et qui lui convenait mieux que le nom de royaume ne convenait à ses faibles États.

Cependant l'armée égyptienne, qu'Afdhal commandait, avait hâté sa marche à la nouvelle de la prise de Jérusalem. Afdhal, le même qui avait chassé les Turcs de cette ville quelques mois auparavant, avait fait devant le calife, avant de partir, le serment d'anéantir pour jamais la puissance des croisés en Asie, et de détruire de fond en comble le Calvaire, le tombeau de Jésus-Christ et tous les monuments révérés des chrétiens. La marche et les

(1) Voir plus haut, pages 7 et 19, les Biographies de ces deux guerriers.

projets d'Afdhal portèrent bientôt la terreur dans Jérusalem ; car les Turcs de la Syrie, les habitants de Damas et de Bagdad avaient mis leur dernière espérance dans le visir du calife d'Egypte, et étaient venus en foule joindre l'armée égyptienne, qui s'avançait vers Ascalon.

Tous les chrétiens en état de porter les armes quittèrent Jérusalem pour aller combattre les musulmans

Les croisés, qui avaient fait quelques prisonniers, apprirent d'eux que l'ennemi était campé à trois lieues de là, et qu'il se préparait à venir attaquer l'armée chrétienne. D'après cet avis, les chefs firent leurs dispositions pour recevoir les infidèles. Le bois de la vraie croix fut porté dans les rangs, et montré aux soldats comme un gage certain de la victoire. Les chefs donnèrent ensuite le signal ; toutes les enseignes furent déployées, et l'armée marcha au-devant des Sarrasins comme à un joyeux festin.

Quand une fois les chrétiens furent en présence des ennemis, ce fut en vain qu'Afdhal essaya de relever le courage de ses soldats. Ils crurent que des millions de croisés venaient d'arriver de l'Occident : ils oublièrent leurs serments et leurs menaces, et ne se ressouvinrent plus que du sort des musulmans immolés après la conquête de Jérusalem.

Avant d'engager le combat, tous les croisés, couverts de leurs armes, se mirent à genoux pour implorer la protection du ciel, et, se relevant pleins d'ardeur et d'espoir, ils marchèrent contre les Sarrasins. Ils n'avaient, dit-on, que 15,000 hommes d'infanterie et 5,000 de cavalerie. Dès le premier choc, l'armée égyptienne fut enfoncée. De toutes parts les Sarrasins furent mis en déroute ; Godefroi eut à combattre un bataillon d'Éthiopiens, qui inclinaient un genou en terre pour lancer leurs javelots, et se précipitaient ensuite sur l'ennemi avec de longs fléaux armés de boules de fer; ce bataillon redoutable ne put résister aux lances des chrétiens, et fut dispersé comme les autres.

Poursuivis par les vainqueurs, un grand nombre de Sarrasins se précipitèrent dans la mer, et périrent au milieu des flots; d'autres cherchèrent un asile dans la ville d'Ascalon, et s'y jetèrent en si grand nombre que 2.000 furent étouffés sur le pont-levis. Au milieu de la déroute générale, Afdhal fut sur le point de tomber entre les mains du vainqueur, et laissa son épée sur le champ de bataille. Les historiens ajoutent qu'en contemplant du haut des murailles de la ville la destruction de son armée, il versa un torrent de larmes.

La bataille d'Ascalon fut livrée en 1099. Libres enfin de leurs vœux, après quatre ans de travaux et de périls, les princes croisés quittèrent Jérusalem, qui n'eut plus pour sa défense que 300 chevaliers, la sagesse de Godefroi et l'épée de Tancrède, résolu de terminer ses jours en Asie.

Ici se place la fondation d'un Ordre de chevaliers. La maison, gouvernée par des religieux de saint Benoît, doit être regardée comme le berceau de l'ordre de Saint-Jean-de-Jérusalem.

Plusieurs jeunes gentilshommes qui venaient de faire l'heureuse expérience de leur zèle, renoncèrent à retourner dans leur patrie, et se consacrèrent dans la maison de Saint-Jean au service des pauvres et des pèlerins. On compte, parmi ces illustres croisés qui prirent l'habit des hospitaliers, Raymond Dupuy, du Dauphiné ; Dudon de Comps, de la même province ; Gastus ou Castus, de la ville de Berdein-Conon, de la province d'Auvergne, et beaucoup d'autres.

Godefroi de Bouillon voulut contribuer à l'entretien de la maison de Saint-Jean : il y attacha la seigneurie de Montboire, qui faisait partie de son domaine dans le Brabant. La plupart des princes et des seigneurs croisés suivirent son exemple ; et l'hôpital, en peu de temps, se trouva enrichi d'un grand nombre de terres et de seigneuries, tant en Europe que dans la Palestine.

Pour se rendre digne de l'opinion qu'on avait conçue de lui, Godefroi mit tous ses soins à réprimer les hostilités des Sarrasins, et à agrandir le royaume qui lui était confié ; Tancrède, qui, par son courage et sa générosité, avait su gagner l'amitié et la confiance du roi, fut chargé par lui de chasser les musulmans de la Galilée. Il s'empara de Tibériade et de plusieurs autres villes situées dans le voisinage du lac de Génésareth. Pour prix de ses travaux, il obtint la possession du pays qu'il venait de conquérir, et qui dans la suite devint une principauté.

Tancrède, maître d'une riche province, s'avança sur le territoire de Damas, tandis que Godefroi, dans une heureuse excursion, imposa des tributs aux émirs de Césarée, de Ptolémaïs, d'Ascalon, et soumit à ses armes les Arabes qui habitaient la rive gauche du Jourdain. Il revenait victorieux à Jérusalem, lorsque la ville d'Arsur, qui s'était rendue après la bataille d'Ascalon, refusa de payer les tributs, et secoua le joug des chrétiens.

Godefroi résolut de faire le siége de cette ville rebelle ; il assembla ses troupes, les conduisit devant Arsur, et se mit en devoir de livrer un assaut à la place. Mais le feu grégeois consuma les tours et les machines des assiégeants. Godefroi avait perdu un grand nombre de ses guerriers, et désespérait de réduire la ville, qui recevait des secours par la mer. Comme l'hiver s'avançait (l'on était en 1099), le roi de Jérusalem leva le siège et retourna dans sa capitale.

Malgré l'échec que les armes des Latins venaient de recevoir, leurs victoires précédentes avaient porté chez les musulmans une telle terreur, qu'ils n'osaient plus faire la moindre incursion sur leur territoire. Le sage Godefroi profita de ce moment de calme pour donner quelque forme à un gouvernement encore tumultueux et purement militaire, et régler les droits des ecclésiastiques qui exerçaient, comme les chevaliers, un pouvoir temporel : il convoqua une espèce d'assemblée des Etats de ce royaume, où il établit ces lois dont le recueil est appelé communément *Assises de Jérusalem*, ou *Lettres du Saint-Sépulcre*.

Ce n'était pas sans douleur que les mahométans voyaient les chrétiens s'affermir dans leurs conquêtes, reconnaître tous unanimement Godefroi pour leur roi, et augmenter leurs forces par leur union. Dékak, sultan de Damas, ayant rassemblé ses troupes, attaqua Tancrède dans sa principauté. Godefroi, accompagné de ses fidèles chevaliers, et d'un grand nombre de pèlerins accourus pour combattre sous ses ordres, se rendit dans la Galilée, battit les Sarrasins, et les poursuivit dans les montagnes du Liban.

Comme il revenait de cette expédition, l'émir de Césarée vint au-devant de lui, et lui présenta des fruits de la Palestine. Godefroi n'accepta qu'une pomme de cèdre, et peu de temps après tomba malade ; cette maladie, qu'on ne manqua pas d'attribuer au poison, donna sur-le-champ les plus vives alarmes. Godefroi se rendit avec peine à Jaffa, et de là dans sa capitale, où il mourut le 18 juillet 1100, en recommandant aux compagnons de ses victoires la gloire de la religion et du royaume de Jérusalem.

Après la mort de Godefroi, il s'éleva de grandes contestations sur le choix de son successeur. Garnier, comte de Gray, s'empara de la tour de David et des autres forteresses de Jérusalem au nom de Baudouin, prince d'Edesse, frère de Godefroi, à qui on envoya des députés pour lui annoncer la mort de ce prince. Cette ville était alors dans une grande agitation. Des bruits se répandaient que les Sarrasins rassemblaient leurs armées ; Bohémond venait d'être fait prisonnier dans une expédition contre les Turcs. Enfin Baudouin, après avoir donné des larmes à son frère, quitta le comté d'Edesse beaucoup plus riche, plus étendu que le royaume de Jérusalem, dont plusieurs villes appartenaient encore aux Sarrasins ; mais tel était l'esprit actif et entreprenant de Baudouin, qu'un royaume à conquérir lui paraissait préférable à un pays dont il se trouvait paisible possesseur.

Après avoir cédé le comté d'Edesse à son cousin Baudoin Dubourg, il se mit en route avec quatre cents cavaliers et mille fantassins. Les émirs d'Edesse et de Damas, avertis de sa marche, vinrent l'attendre dans les chemins étroits et difficiles qui bordent la mer de Phénicie. Baudouin feignit de prendre la fuite devant les infidèles, et les ayant attirés dans une plaine, il les mit en déroute, et fit un grand nombre de prisonniers qu'il conduisit à Jérusalem, où il fit son entrée triomphante, escorté des barons et des chevaliers qui étaient venus à sa rencontre, et au milieu des acclamations de tout le peuple chrétien, accouru pour voir le frère de Godefroi.

Après quelques incursions que fit Baudouin contre les Sarrasins pour s'assurer de nouveaux droits au trône, il se fit couronner par le patriarche de Jérusalem, et prit le titre auguste de roi. Tancrède n'assista pas à son couronnement : il n'avait point oublié ses anciennes querelles avec le nouveau prince. Il s'était déclaré contre son élection, et refusait de lui rendre hommage.

Sur ces entrefaites, des députés d'Antioche vinrent conjurer Tancrède de se rendre dans leur ville pour gouverner un Etat qui restait sans chef depuis la captivité de Bohémond. Tancrède se rendit à leurs prières, et partit aussitôt pour Antioche, abandonnant à Hugues de Saint-Omer la ville de Tibériade et la principauté de Galilée.

Le retour des croisés qui avaient quitté la Terre-Sainte après la prise de Jérusalem, et le récit de leurs conquêtes, excitèrent un vif enthousiasme et renouvelèrent la ferveur de la croisade et des pèlerinages parmi les peuples de l'Occident. On ne fut plus entraîné par la passion de délivrer les saints lieux, mais par celle de les visiter et de les défendre. On oublia le nombre des croisés qui avaient péri, et l'on ne pensa qu'à ceux qui étaient de retour. On ne brûla que du désir d'imiter leur saint zèle. Les terres, les châteaux manquèrent encore d'acheteurs. Celui qui préférait le repos et la patrie à la gloire passait pour un chrétien peu fervent. Hugues, comte de Vermandois, qui était retourné en Europe avant la prise de Jérusalem, ainsi que nous l'avons dit, reprit la croix pour réparer cette faute. Etienne, comte de Chartres et de Blois, et beaucoup d'autres, n'osèrent rester en paix dans leurs Etats, et soutenir le reproche d'avoir lâchement abandonné leurs frères.

Presque tous les princes et seigneurs qui n'avaient point pris part à la première expédition se croisèrent pour n'être point accusés de lâcheté par leurs sujets, ou furent entraînés par l'exemple général. Parmi ces derniers, on remarqua Guillaume IX, comte de Poitiers, parent de l'empereur d'Allemagne, et le vassal le plus puissant de la couronne de France. Il fut suivi de Guillaume, comte de Nevers; d'Arpin, comte de Berri; d'Eudes, duc de Bourgogne; d'Etienne, comte de Bourgogne, et d'une multitude de vieillards, de moines, de femmes et d'enfants.

En Italie, Albert comte de Blandras; Anselme, archevêque de Milan, se mirent à la tête d'une multitude innombrable de pèlerins.

L'Allemagne vit partir le comte Conrad, maréchal de l'empereur Henri; Welf IV, duc de Bavière; la princesse Yde, margrave d'Autriche, et un grand nombre de seigneurs et de chevaliers.

Dans cette nouvelle expédition, comme dans celle qui l'avait précédée, les mêmes causes produisirent le même élan. La première troupe, qui partit en 1101, traversa le territoire des Hongrois et des Bulgares. Les croisés arrivèrent, au nombre de deux cent mille, sous les murs de Constantinople, et leur présence renouvela les craintes de l'empereur Alexis. Fidèle à sa politique, l'empereur opposa la ruse à la force, flatta la vanité ou l'avarice de ceux qu'il ne pouvait soumettre, et paya chèrement l'hommage peu sincère des chefs de la croisade. Il appela à son aide Raymond, qui se trouvait alors dans son gouvernement de Laodicée, ville située sur les côtes de Syrie, qu'il lui avait donnée, et le chargea de conduire ces croisés à travers l'Asie-Mineure.

Ils s'avancèrent vers la Paphlagonie, et prirent d'assaut la ville d'Ancyre. Ce succès enflamma leur courage, et ils coururent de cette ville à la forteresse de Gangras ; mais ils trouvèrent là une plus grande résistance. Après beaucoup de sang répandu inutilement, Raymond leva le siège. Cet échec n'était que le prélude d'une bien plus sanglante défaite. L'infatigable Kilidge-Arslan, retiré à Iconium, devenue la capitale de ses Etats depuis la prise de Nicée, avait rassemblé les débris de son armée, et relevé sa puissance. Le sultan de Mossoul, ce même Kerbogha qui avait perdu la bataille d'Antioche, était venu se réunir au sultan de Roum, et brûlait de combattre les chrétiens. Dès qu'ils surent que de nouveaux croisés s'avançaient pour traverser l'Asie-Mineure, ils allèrent hardiment à leur rencontre. Plus prudents, et instruits par l'expérience, les deux sultans risquèrent une bataille. Raymond et ses chevaliers se réjouissaient que les Turcs leur donnassent une occasion d'employer la lance et l'épée, armes dont ils se servaient avec tant d'avantage ; mais l'infanterie les seconda trop mal. La plupart de ces croisés voyaient les Turcs pour la première fois. Ce n'étaient point ces soldats éprouvés par de longues fatigues, par de nombreuses victoires, qui avaient combattu à Ascalon. Après un combat meurtrier, ils se retirèrent en désordre dans leur camp.

Kilidge-Arslan et Kerbogha s'étaient retirés dans leurs

camps ; ils furent avertis de leur victoire par les cris et les gémissements des croisés. Aussitôt ils revolent au combat, ou plutôt au carnage ; cette multitude, faible et sans armes, est égorgée sans faire la moindre résistance ; les Turcs massacrent tout ce qu'ils rencontrent. Quand le jour parut, les campagnes étaient couvertes de sanglantes dépouilles des chrétiens. Raymond, le duc de Bourgogne, le comte de Chartres, le comte de Blandras et quelques autres chefs, qui avaient fui par des routes différentes, se réunirent à Sinope, et purent à peine rassembler autour d'eux quelques mille hommes, de deux cent mille.

Une seconde armée de croisés, conduite par Guillaume, comte de Nevers, et le comte de Berri, s'était avancée jusqu'à Ancyre, et dirigeait sa marche vers Héraclée. Cette armée cherchait les traces de celle qui l'avait précédée ; mais, au lieu de trouver les chrétiens, elle rencontra les troupes victorieuses des sultans, qui vinrent au-devant d'elle, l'attaquèrent, et la mirent en déroute. Guillaume se réfugia avec peine à Germanicopolis. Ayant pris des guides parmi les soldats grecs, il fut pillé et abandonné par eux dans un désert. Il courut les plus grands dangers pendant plusieurs jours ; il était exténué de fatigue et couvert de lambeaux. C'est dans cet état qu'il arriva à Antioche.

Cette année, 1101, vit partir un troisième corps de croisés qui se montait à 150,000. Hugues, frère du roi de France ; Guillaume, comte de Poitiers, et Welf IV, duc de Bavière, les conduisaient. Ils s'emparèrent d'abord de Philomélinne et de Samalia, et marchèrent, à travers des provinces dévastées, vers la ville de Stankon, où ils apprirent le sort déplorable de ceux qui les avaient devancés. Le sultan d'Iconium et celui de Mossoul les laissèrent venir jusque dans la Lycaonie, et les attaquèrent avec leurs armées combinées, près de la ville d'Héraclée. Un ruisseau séparait les chrétiens et les infidèles. Les croisés, pressés par la soif, s'y précipitèrent en foule. Les Turcs, postés avantageusement, firent pleuvoir sur eux une grêle de flèches et de javelots. Bientôt les deux armées en vinrent aux mains, mais les chrétiens, engagés dans un terrain étroit et marécageux, ne pouvaient déployer leurs forces ni se servir de la lance et de l'épée. Leur bravoure et leurs efforts ne purent triompher des habiles manœuvres de Kerbogha et de Kilidge-Arslan. Les Turcs enfoncèrent de toutes parts l'armée chrétienne ; le carnage fut horrible ; à peine 1,000 croisés purent échapper à la mort ou à l'esclavage. La princesse Yde, margrave d'Autriche, disparut au milieu du tumulte de la bataille. Les uns disent qu'elle fut écrasée sous les pieds des chevaux, les autres qu'elle tomba au pouvoir de l'ennemi. Le comte de Vermandois, qui avait échappé à tant de dangers et de fatigues dans la première croisade, s'enfuit, percé de deux flèches, à travers la Lycaonie, et parvint, avec une faible escorte, jusque dans la ville de Tarse, en Cilicie, où il mourut de ses blessures.

Le duc de Bavière et le comte de Poitiers, après avoir erré longtemps dans les déserts et les forêts, arrivèrent presque nus à Antioche. C'est dans cette ville que se réunirent tous les croisés qui avaient pu échapper à leur défaite. Les chefs, en rassemblant les débris de leurs troupes, purent encore former une armée de 10,000 hommes, avec laquelle ils gagnèrent Jérusalem.

Ce fut lorsque Baudouin fut reconnu par les croisés pour leur roi qu'on put voir combien il était infatigable, comment sa bravoure et son activité s'élevaient au-dessus des périls, et surmontaient tous les obstacles. Quelque petit que fût le nombre des chevaliers qui étaient restés à Jérusalem, il faisait sans cesse de nouvelles entreprises contre les Sarrasins. Chaque jour, pour ainsi dire, une ville, une forteresse tombait entre ses mains. Aidé d'une flotte génoise, il soumit à ses armes, en 1101, la ville d'Arsur, qui avait résisté à Godefroi, et la punit de sa rébellion. Eupatride et Césarée, villes bâties par Hérode en l'honneur de César, lui remirent aussi leurs clés.

Cependant Afdhal, qui gouvernait l'Egypte pendant la minorité d'Aboul-Manzor, fils de Mostali, faisait rassembler son armée, déjà plusieurs fois dispersée, et qui devait l'être encore. Les Sarrasins, au nombre de 10 à 12,000 hommes, s'étaient avancés jusque dans le voisinage de Ramla, lorsque Baudouin sortit de Jérusalem, n'emmenant avec lui que 300 chevaliers et 1,000 fantassins. Sa troupe était si petite qu'on ne l'aurait jamais prise pour une armée, sans les prodiges de valeur qu'elle fit. Les deux tiers des croisés restèrent sur le champ de bataille, mais les rangs des ennemis furent à la fin enfoncés, et ils prirent la fuite avec tant de désordre qu'ils abandonnèrent leurs tentes et leurs bagages.

L'année suivante, 1102, comme Baudouin se reposait des fatigues de la guerre, on apprit que l'armée musulmane s'était ralliée, et revenait attaquer les chrétiens. Le roi de Jérusalem, que la victoire avait rendu téméraire, marcha avec précipitation contre les Sarrasins. Sa troupe, il est vrai, s'était augmentée de quelques nouveaux croisés. On voyait parmi eux Welf, duc de Bavière; Guillaume IX, comte de Poitiers; Eudes, duc de Bourgogne; Etienne, comte de Bourgogne; Etienne, comte de Chartres et de Blois, et Arpin, comte de Berri. L'armée des Sarrasins était forte de 20,000 hommes. Sans être étonné du nombre, Baudouin livra la bataille. Bientôt sa troupe fut enveloppée. La retraite étant impossible, les chrétiens ne cherchèrent qu'une mort glorieuse en combattant à côté de leur chef. Le roi de Jérusalem, après des efforts inouïs, fut obligé de se cacher parmi les herbes sèches et les bruyères qui couvraient la plaine, pour éviter une mort certaine. Comme les Sarrasins y mirent le feu Baudouin fut sur le point d'être étouffé par les flammes : il se réfugia avec peine dans Ramla. Eudes et les deux Etienne périrent dans cette fatale journée; Arpin, comte de Berri, tomba vivant au pouvoir des Sarrasins, et mourut dans l'esclavage.

Le roi de Jérusalem prit sa revanche dans une sanglante bataille, où périt l'émir d'Ascalon, et quatre mille des plus braves guerriers sarrasins.

Baudouin, sans cesse occupé du soin d'agrandir ses Etats, ne se reposait d'une conquête que pour en méditer une autre. La prospérité et le salut du royaume de Jérusalem semblaient attachés à la prise des villes maritimes de la Syrie et de la Palestine; c'est par là qu'on devait recevoir des secours, et qu'on pouvait établir des communications promptes et faciles avec l'Occident. Les peuples navigateurs de l'Europe se trouvaient intéressés à seconder en cette circonstance les entreprises du roi de Jérusalem : la navigation de la Méditerranée et le transport des pèlerins dans la Terre-Sainte étaient pour eux une source inépuisable de richesse, et les places maritimes de la Syrie devaient offrir un asile commode à leur marine et un entrepôt assuré à leur commerce.

Depuis la première croisade, les Pisans et les Génois envoyaient souvent des vaisseaux dans les parages de l'Orient. Une flotte génoise venait d'arriver dans les mers de Syrie, quand Baudouin entreprit, en 1104, le siège de Ptolémaïs, nommée depuis Saint-Jean-d'Acre. La ville remit ses clefs à Baudouin ; les habitants se préparaient à en sortir : mais les Génois, à la vue d'un si riche butin, massacrèrent sans pitié un peuple désarmé et sans défense.

A chaque conquête de Baudouin, une nouvelle armée arrivait des bords du Nil pour arrêter le cours de ses victoires. Les Sarrasins, accoutumés à fuir devant les Francs, vinrent encore en tremblant se présenter devant eux ; et la plaine de Ramla, déjà témoin de plusieurs de leurs défaites, fut de nouveau arrosée du sang des infidèles. A la suite de cette victoire, plusieurs des places qu'occupaient les Égyptiens sur la côte de Syrie tombèrent au pouvoir des chrétiens.

Dans le traité que les princes croisés avaient fait avec l'empereur Alexis, avant de quitter Constantinople, ils étaient convenus de lui remettre toutes les villes qui avaient appartenu à l'empire, et dont ils s'empareraient, et de lui rendre hommage pour celles qu'ils conquerraient. Le prince grec n'étant point venu se joindre à eux, ainsi qu'il s'y était engagé, les croisés ne s'étaient pas crus obligés d'exécuter si ponctuellement les conditions du traité, et ne lui avaient point rendu hommage pour les villes qu'ils avaient prises.

L'empereur Alexis, ayant appris la captivité de Bohémond, voulut en profiter pour forcer le prince latin à se reconnaître son vassal. Il offrit de payer sa rançon, non pour lui rendre la liberté, mais pour le faire conduire à Constantinople, où il espérait obtenir de lui l'abandon de sa principauté. Le rusé Bohémond, qui devinait les projets d'Alexis, gagna l'esprit de l'émir qui le retenait prisonnier, lui promit son alliance et son appui, tandis que, par son adroite politique, il le brouilla avec un autre prince turc qui voulait partager la rançon; il parvint de cette manière à lui faire accepter la moitié de la somme qu'offrait l'empereur des Grecs, et, après une captivité de deux ans et demi, il revint en 1103 dans sa principauté d'Antioche, qu'il trouva considérablement augmentée par les soins et l'activité de Tancrède. L'empereur grec n'ayant pu obtenir de Bohémond qu'il lui prêtât serment de fidélité, résolut de l'y contraindre par les armes. Alexis équipa une flotte, leva une armée pour attaquer Antioche; et Bohémond, de son côté, appela à son secours les Pisans et les Génois. Il se livra sur terre et sur mer plusieurs combats, où les victoires et les revers furent tour à tour balancés.

La guerre que Bohémond soutenait contre les Grecs ne l'empêcha point de se réunir à Baudouin du Bourg, comte d'Édesse, et à Josselin de Courtenay, cousin de Baudouin, pour attaquer Chazan, ville florissante de la Mésopotamie. Cette place allait leur ouvrir ses portes, lorsque les Sarrasins de Mossoul et d'Alep, avec lesquels Alexis s'entendait, accoururent pour leur en faire lever le siège, et leur firent éprouver une défaite des plus sanglantes. Bohémond et Tancrède purent seuls échapper à la poursuite des musulmans, avec un petit nombre de soldats.

Ce désastre répandit l'effroi parmi tous les chrétiens d'Orient. Bohémond, revenu dans sa capitale, était menacé à la fois par les Grecs et par les Sarrasins, qui lui enlevèrent la Silicie; comme il n'avait plus d'alliés ni d'auxiliaires, et qu'il restait sans trésor et sans armée, il prit la résolution de revenir en Europe, et d'appeler l'Occident à sa défense.

Après avoir fait courir le bruit de sa mort, il s'embarqua en 1104; et, caché dans un cercueil, il traversa la flotte d'Alexis, dans un vaisseau qui portait les signes du deuil. Les Grecs se réjouissaient de son trépas, et maudissaient sa mémoire. Au moyen de ce stratagème, Bohémond arriva heureusement à Corfou. Là, il sort de son cercueil, mande le commandant grec, et lui ordonne d'apprendre à son maître qu'il est ressuscité, et qu'Alexis s'en apercevra bientôt.

Le prince d'Antioche passa ensuite en Italie, et alla se jeter aux pieds de Pascal II, souverain pontife, puis il se rendit en France. Ses aventures, ses exploits, avaient partout répandu son nom. Il se présenta à la cour de Philippe I$^{er}$, qui le reçut avec les plus grands honneurs, et lui donna, en 1106, sa fille Constance en mariage. Au milieu des fêtes de la cour, tour à tour le plus brillant des chevaliers et le plus ardent des missionnaires, il fit admirer son adresse dans les tournois, et prêcha la guerre contre les ennemis des chrétiens. Il embrasa aisément des cœurs passionnés pour la gloire des armes : un grand nombre de chevaliers se disputèrent l'honneur de l'accompagner en Orient.

De là Bohémond traversa les Pyrénées, leva des soldats en Espagne, retourna en Italie, et trouva partout le même empressement à le suivre.

Le prince d'Antioche ne cessait de ranimer par ses discours l'ardeur de ses nouveaux compagnons. Il était sur le point de réaliser ses brillantes espérances, quand il fut tout-à-coup abandonné par la fortune, qui jusque-là l'avait toujours favorisé.

Bohémond ne commença cependant pas la guerre sans remporter d'abord un avantage. Il s'embarqua à Bar en 1107, et alla descendre en Illyrie, sur les terres de l'empire grec, où ses menaces et le bruit de son expédition avaient déjà semé la terreur. Bohémond entreprit le siége de la ville de Durazzo, et le poussa vivement; mais, cerné par les Grecs, il manqua de vivres, et éprouva plusieurs échecs. Voyant la peste ravager son armée exténuée, il demanda à traiter : et, après bien des difficultés, on convint d'une entrevue qui fut suivie d'un traité par lequel le fier prince d'Antioche se reconnut vassal de l'empereur, s'engagea à lui rendre tout ce qui avait appartenu à l'empire, et à ne conserver la principauté d'Antioche que sa vie durant. Après avoir accepté ces dures conditions de l'empereur qu'il voulait détrôner, l'ambitieux Bohémond, déchu de ses espérances, s'en retourna, en 1108, dans la Pouille, qu'il avait abandonnée pour la conquête de l'Orient. Il mourut de désespoir dans sa petite principauté de Tarente, en 1111.

Baudouin cherchait toujours à s'emparer des villes maritimes de la Syrie. Biblos, située sur les rivages fertiles et riants de la Phénicie ; Sarepta, où saint Jérôme voyait encore de son temps la tour d'Isaïe ; Bérita, ou Baruth, avaient déjà reconnu son pouvoir, et étaient devenues des baronnies qui avaient été données à des chevaliers chrétiens. Mais, après ces conquêtes, les Pisans et les Génois, et plusieurs guerriers de l'Occident qui avaient suivi Baudouin dans ses expéditions, revinrent en Europe. Le roi de Jérusalem, abandonné de ces utiles auxiliaires, fut obligé d'employer ce qui lui restait de forces à repousser les invasions des Sarrasins, qui pénétrèrent dans la Palestine, et montrèrent leurs étendards sur la montagne de Sion. Sur ces entrefaites, en 1110, on vit arriver, au port de Jaffa, une flotte amenant de nouveaux pèlerins. L'enthousiasme des croisades s'était répandu jusqu'en Norwége. Les seigneurs puissants avaient appelé sous leurs bannières les guerriers de leurs districts, et Sigurd, fils de Magnus III, et roi de la Norwége méridionale, s'était mis à leur tête.

Sigurd, accompagné de ses guerriers, entra en triomphe à Jérusalem. Les habitants de la ville sainte virent avec une surprise mêlée de joie l'énorme hache de bataille, la chevelure blonde et la haute stature de ces nouveaux pèlerins.

Le roi de Jérusalem désirait depuis longtemps ranger la ville de Sidon sous sa domination : il l'attaqua de concert avec Bertrand, comte de Tripoli, et son nouvel auxiliaire, dont la flotte ferma le port de la ville. Après un siège de six semaines, la ville se rendit aux chrétiens. Les chevaliers de Baudouin et les enfants de la Scandinavie firent pendant le siège des prodiges de valeur, et montrèrent dans leur victoire l'humanité qui accompagne toujours la véritable bravoure.

Après cette conquête, Sigurd quitta la Palestine au milieu des bénédictions du peuple chrétien.

Baudouin ne put se réjouir longtemps de la prise de Sidon : revenu dans sa capitale, il apprit, non sans douleur, que Gervais, comte de Tibériade, qu'il aimait tendrement, était tombé vivant entre les mains des Turcs. Des députés musulmans vinrent offrir au roi de Jérusalem la liberté de Gervais, en échange de Ptolémaïs, de Jaffa, et de quelques autres villes au pouvoir des chrétiens. Un refus, ajoutèrent-ils, causerait la mort de Gervais. Baudouin proposa de payer une somme considérable pour sa rançon. « Quant aux villes que vous me demandez, leur dit-il, je ne vous les donnerais pas pour mon propre frère, ni pour tous les princes chrétiens. » Au retour des ambassadeurs, Gervais et les chevaliers, faits prisonniers avec lui, furent traînés sur une place de Damas, et tués à coups de flèches par les Sarrasins.

Les chrétiens donnèrent des larmes à la mort du comte de Tibériade, et bientôt ils eurent à pleurer une perte plus douloureuse : Tancrède, qui gouvernait la principauté d'Antioche, mourut dans une expédition contre les infidèles. Sa mort répandit le deuil dans tous les États chrétiens d'Orient, et fut pour eux le signal des plus grands revers. Roger de Sicile fut, après la mort de Tancrède, gouverneur d'Antioche.

Jusqu'ici Baudouin n'avait eu à combattre que des armées venues d'Égypte; mais, en 1113, les Turcs de Syrie, beaucoup plus redoutables, se réunirent au nombre de trente mille, et vinrent, sous les ordres de Togthekin, sultan de Damas, et de Mandoud, sultan de Mossoul, ravager les États chrétiens. Le roi de Jérusalem accourut au-devant d'eux, et fut battu dans les plaines voisines du Mont-Thabor. Dans sa détresse, Baudouin appela à son secours les princes chrétiens. L'armée des croisés ne s'élevant pas à plus de onze mille hommes, le roi de Jérusalem n'osa risquer une bataille ; et les chrétiens, retranchés sur les hauteurs, eurent pendant plusieurs mois la douleur d'être témoins de l'incendie des villes, et des ravages des campagnes.

Cependant les Turcs, qui redoutaient l'arrivée de quelques nouveaux croisés, quittèrent la Palestine ; mais d'autres fléaux succédèrent bientôt à ceux de la guerre. Des nuées de sauterelles, venues de l'Arabie, achevèrent de ravager les campagnes des États chrétiens ; et une horrible famine les désola et les dépeupla. Un tremblement de terre extraordinaire se fit ensuite sentir depuis le Mont-Taurus jusqu'aux déserts de l'Idumée. Plusieurs villes de Cilicie n'offrirent plus qu'un monceau de ruines. A Samosate, un prince arménien fut englouti dans son propre palais. Treize tours des murs d'Edesse, la citadelle d'Alep s'écroulèrent avec fracas : les tours des plus hautes forteresses couvraient la terre de leurs débris, et leurs commandants, musulmans ou chrétiens, cherchèrent un asile avec leurs soldats dans les déserts et les forêts. Antioche souffrit plus encore du tremblement de terre que les autres villes. La tour de la porte du Nord, plusieurs églises, plusieurs édifices, furent renversés de fond en comble.

Baudouin revenait à Jérusalem, lorsqu'il tomba malade d'une dyssenterie, en 1118, à El-Arrich, sur les confins du désert qui sépare l'Egypte de la Palestine.

Après avoir désigné son cousin, Baudouin du Bourg, comte d'Edesse, pour son successeur, il expira au milieu de ses compagnons qui fondaient en larmes, et s'efforçaient de cacher leur désespoir, pour ne point faire connaître aux infidèles la perte que les chrétiens venaient de faire.

La même année que Baudouin mourut, les hospitaliers de Saint-Jean-de-Jérusalem perdirent leur supérieur Gérard. Raymond Dupuy, du Dauphiné, réunit tous les suffrages de ses frères assemblés, et fut nommé pour lui succéder. Le nouveau maître des hospitaliers fit trois classes de tout le corps des hospitaliers.

Comme ces nouveaux chevaliers se multiplièrent extrêmement en peu de temps, et que la jeune noblesse accourait des différentes contrées de l'Europe pour s'enrôler sous leurs enseignes, par une nouvelle division, et suivant le pays et la nation de chaque chevalier, on les sépara en huit langues ou cercles, savoir : Provence, Auvergne, France, Italie, Aragon, Castille, Allemagne et Angleterre. C'est cette compagnie, ainsi érigée en ordre militaire, et confirmée par le pape Pascal II, qui s'est perpétuée jusqu'à nos jours sous le nom de chevaliers de Saint-Jean.

Ce fut à l'imitation des hospitaliers de Saint-Jean, que les religieux qui avaient la garde du Saint-Sépulcre prirent les armes pour la défense des saints lieux. De chanoines qu'ils étaient, Baudouin du Bourg les érigea en chevaliers du Saint-Sépulcre.

Comme ils s'étaient retirés près du lieu où avait été

bâti le temple de Salomon, on leur donna le nom de *chevaliers du Temple*, ou *Templiers*.

Baudouin II vit avec plaisir l'établissement de ces ordres. Il les protégea et en retira de grands services dans toutes ses expéditions.

## CHAPITRE III.

#### Baudouin II (1118—1131).

Roger de Sicile, fils de Richard, avait été nommé tuteur du fils de Bohémond après la mort de Tancrède ; et, en cette qualité, il gouvernait Antioche. Sous sa régence, les Sarrasins de Damas et les Turcomans, venus des bords de l'Euphrate, joignirent leurs forces pour chasser de la Syrie tous les chrétiens latins, et commencèrent par attaquer la principauté d'Antioche. Ils emportèrent plusieurs places, et exercèrent le dégât dans les campagnes. Le régent, n'ayant point assez de troupes pour aller au-devant de l'ennemi, se renferma dans sa capitale, et envoya avertir les autres princes chrétiens du danger qui le menaçait. Tous ces princes lui firent savoir qu'ils marcheraient incessamment à son secours. Les infidèles, qui ne voulaient pas s'engager dans un siège qu'ils prévoyaient devoir être long et meurtrier, tâchèrent d'attirer Roger dans la campagne, et commirent d'horribles ravages dans les alentours de la place. En effet Roger, qui, du haut de ses remparts, voyait avec douleur les villages embrasés, ne put résister au désir de la vengeance : emporté par son courage, il sortit de la ville, et, contre l'avis de ses principaux capitaines, il marcha droit à l'ennemi. Il n'avait environ que 700 chevaux et 3,000 hommes de pied; cependant, avec un si petit nombre de troupes, il l'attaqua. Les Turcs, dont l'armée s'élevait à plus de 20,000 combattants, plièrent d'abord pour entretenir sa confiance, et l'attirèrent ainsi insensiblement dans une embuscade. Roger se vit bientôt enveloppé, et il périt lui-même victime de sa témérité.

Cependant Baudouin du Bourg, le nouveau roi de Jérusalem, s'avançait avec précipitation, accompagné de Pons, fils et successeur de Bertrand, comte de Tripoli. Les infidèles, victorieux, se flattaient de triompher aussi facilement des troupes que le roi conduisait : ils se mirent en marche pour le surprendre. Ils n'eurent pas de peine à rencontrer un ennemi qui les cherchait ; et à peine les deux armées étaient-elles en présence, qu'elles en vinrent aux mains. Le combat fut long et sanglant ; on se battait de part et d'autre avec animosité.

Cette bataille eut lieu en 1120. Ce fut la première occasion où les chevaliers de Saint-Jean et du Saint-Sépulcre signalèrent leur zèle contre les infidèles.

Après cette victoire, Baudouin revint à Jérusalem, où il fut reçu de ses sujets avec cet applaudissement qui suit toujours une fortune favorable. Ce prince ne songeait qu'à jouir d'un peu de repos, comme du plus doux fruit de sa victoire, lorsqu'il apprit que Josselin de Courtenay avait été surpris dans une embuscade par Balac, un des plus puissants émirs des Turcs. Baudouin du Bourg quitta une seconde fois sa capitale pour aller délivrer son rousin, et protéger le comte d'Edesse, menacé d'une invasion ; mais il tomba lui-même entre les mains des infidèles, au mois de février 1123.

Josselin, en sortant de captivité, se rendit à Jérusalem, où il déposa, sur l'église du Saint-Sépulcre, les chaînes qu'il avait portées chez les Turcs. Le royaume de Jésus-Christ était alors menacé par les Sarrasins d'Égypte, et la défaite de Baudouin du Bourg y avait jeté la consternation. Après s'être préparés au combat, les chrétiens, au nombre de 3,000 combattants, sortirent de Jérusalem. Cette armée était commandée par Eustache Garnier, comte de Sidon, nommé régent du royaume pendant l'absence du roi.

La bataille s'engagea dans les plaines d'Ascalon. Les Sarrasins, au nombre de 40,000, entourèrent bientôt l'armée des chrétiens ; leur défaite paraissait certaine, lorsque tout-à-coup une lumière semblable à celle de la foudre sillonna les airs, et tomba sur l'armée musulmane. Ce fut le signal de la déroute des infidèles. Les guerriers sarrasins, enchaînés par une subite terreur, n'ont plus ni le courage ni la force de se défendre. 12,000 d'entre eux périrent soit par le fer des croisés, soit dans les flots de la mer. Les chrétiens, victorieux, revinrent à Jérusalem en chantant les louanges du Dieu des armées, qui venait de les faire triompher de leurs ennemis.

Les soldats de Jésus-Christ, rentrés à Jérusalem après leur victoire, s'affligeaient déjà de leur inaction, lorsque arriva, en 1124, une flotte vénitienne sur les côtes de la Syrie.

La république de Venise, qui depuis plusieurs siècles

faisait le commerce de l'Orient, et craignait de rompre d'utiles relations avec les puissances musulmanes de l'Asie, n'avait eu jusqu'ici que très peu de part à la croisade et aux événements qui l'avaient suivie. Les Vénitiens attendaient l'issue de cette grande entreprise pour prendre un parti, et s'associer sans péril aux victoires des chrétiens. Mais à la fin, jaloux des avantages qu'avaient obtenus les Génois et les Pisans, en procurant des secours aux croisés, ils voulurent aussi s'enrichir aux dépens des musulmans, et même des chrétiens : leur flotte, commandée par le doge Michieli, en traversant la Méditerranée, ayant rencontré celle des Génois, qui revenait de l'Orient, l'attaqua avec fureur, et la mit en désordre.

Après avoir rougi la mer du sang des chrétiens, les Vénitiens poursuivirent leur route vers les côtes de la Palestine, où ils rencontrèrent la flotte des Sarrasins, sortie des ports de l'Égypte. Bientôt un violent combat s'engagea, et tous les vaisseaux égyptiens furent dispersés, et couvrirent les flots de leurs débris. Michieli, vainqueur, entra dans le port de Ptolémaïs, et fut conduit en triomphe à Jérusalem. Dans un conseil tenu en présence de ce doge et de Guillaume des Barres, seigneur de Tibériade, qui venait de succéder, dans le commandement de l'armée, au comte Garnier, on proposa d'assiéger la ville de Tyr ou celle d'Ascalon.

Tyr s'élevait sur un rivage délicieux, que les montagnes mettaient à l'abri des frimas du nord. Elle avait deux grands môles, qui, comme deux bras, s'avançaient dans les flots, pour en former un port où la tempête ne trouvait point d'accès. Cette ville, qui avait retenu sept mois et demi devant ses murs Alexandre victorieux, était défendue d'un côté par une mer orageuse et des rochers escarpés, de l'autre, par une triple muraille surmontée de hautes tours.

Le doge de Venise, avec sa flotte, pénétra dans le port, et ferma toute issue du côté de la mer. Le patriarche de Jérusalem, le régent du royaume, Pons, comte de Tripoli, commandaient l'armée de terre. Les chrétiens furent encore secondés dans leur entreprise par la désunion de leurs ennemis. La garnison était composée de Turcs et d'Égyptiens, qui se haïssaient au point de se refuser à combattre ensemble. Après cinq mois et demi de siège, les remparts s'écroulaient sous les coups des machines des chrétiens ; les vivres commençaient à manquer dans la place ; les infidèles étaient prêts à capituler lorsque la discorde vint désunir à leur tour les chrétiens.

Cependant, en 1124, les Sarrasins et les Turcomans, plus animés que jamais contre les chrétiens, ne tardèrent pas à recommencer leurs incursions. Baudouin, à la première nouvelle qu'il eut de leurs entreprises, se mit en campagne. Il marcha avec tant de secret et de diligence, qu'il surprit les ennemis, força leur camp, et fit un si grand nombre de prisonniers, que leur rançon suffit pour retirer la princesse sa fille, qu'il avait donnée en otage aux Sarrasins. De la Syrie, il repassa dans la Palestine, où il réprima les courses de la garnison d'Ascalon, qui levait des contributions jusqu'aux portes de Jaffa.

L'année suivante, 1125, le roi commença la campagne par une nouvelle victoire sur Togthékin, sultan de Damas, prince extrêmement redouté des chrétiens. Cette victoire fut suivie de la prise de Rapha, place forte dans le comté de Tripoli.

Les chevaliers de Saint-Jean et ceux des autres ordres suivirent le roi dans toutes ces expéditions; mais personne n'y acquit plus de gloire que Foulque, comte d'Anjou, un des plus grands capitaines de son siècle.

Les Turcs, accoutumés à la vie militaire et pastorale, n'aspiraient pas à l'empire des mers; mais ils ne laissaient point de repos aux chrétiens. Ils ne se faisaient pas redouter par la discipline de leurs armées, mais par leurs incursions continuelles. Ils supportaient mieux la faim, la soif, la fatigue, que la vue de l'ennemi. La connaissance du pays, l'habitude du climat, leur donnaient un grand avantage sur les chrétiens dans leurs courses guerrières.

L'espoir du butin attirait chaque année des hordes et des tribus nouvelles qui accouraient du mont Caucase, du mont Taurus, du Koraçan, et des rivages du Tigre. Parmi les tribus qui étaient venues s'établir en Syrie, l'histoire ne doit pas oublier celle des *Assassins ou Ismaéliens*, dont la secte avait pris naissance vers le commencement du onzième siècle, dans les montagnes de la Perse. Peu de temps avant la première croisade, ils s'emparèrent d'une partie du Liban, et fondèrent une colonie entre Tripoli et Tortose. Cette colonie était gouvernée par un chef que les Francs appelaient *le Vieux* ou *le Seigneur de la Montagne.*

Le chef des Ismaéliens ne régnait que sur une vingtaine de châteaux ou bourgades. Tous ceux qui résistaient à ses volontés méritaient la mort. Le Vieux de la

Montagne, selon la croyance des Ismaéliens, pouvait faire goûter à ses serviteurs les délices du paradis.

Les Ismaéliens étaient divisés en trois classes : le peuple, le soldat, et les gardes : le peuple vivait de la culture des terres et du commerce ; rien n'égalait la force, l'adresse et l'audace des guerriers. La plupart des princes musulmans cherchaient à les avoir à leur solde.

Souvent les princes chargeaient le chef des Ismaéliens du soin de leur vengeance, et lui demandaient la mort de leurs rivaux ou de leurs ennemis. La crainte qu'il inspirait, les meurtres commis par ses ordres, grossissaient ses trésors. Il répandait partout la terreur de son nom, et lui-même n'avait rien à craindre de ses ennemis. Les Ismaéliens, implacables sectaires, avaient une profonde aversion pour les Turcs de Syrie. Plusieurs d'entre eux servaient les émirs et les sultans de cette nation ; mais ils faisaient payer cher leurs services, et se mêlaient souvent aux révolutions sanglantes qui précipitaient du trône les dynasties musulmanes de l'Orient. Ils avaient moins de haine pour les chrétiens, parce que ceux-ci combattaient les Turcs. Aussi furent-ils quelquefois pour les Francs d'utiles auxiliaires.

Sur ces entrefaites, en 1131, les États chrétiens perdirent un de leurs plus vaillants défenseurs. Le vieux Josselin de Courtenay avait été longtemps, sur les bords de l'Euphrate, la terreur des infidèles ; mais il venait de mourir. Jusqu'à son dernier soupir il avait combattu, et dans son lit de mort, il y fit encore respecter sa bravoure et ses armes.

Josselin assiégeait un château près d'Alep, lorsqu'une tour s'écroula près de lui et le couvrit de ses ruines. Il fut transporté mourant à Edesse ; comme il languissait dans son lit, où il n'attendait que la mort, on vint lui annoncer que Massoud, sultan d'Iconium, avait mis le siège devant une de ses places fortes. Aussitôt il fit appeler son fils, et lui ordonna d'aller attaquer l'ennemi. Le jeune Josselin hésite, et représente à son père qu'il n'a point assez de troupes pour combattre les Turcs. Le vieux guerrier, qui n'avait jamais connu d'obstacles, voulut, avant de mourir, donner un exemple à son fils, et se fit porter à la tête de ses soldats, dans une litière. Comme il approchait de la ville assiégée, on vint lui annoncer que les Turcs s'étaient retirés ; alors il fait arrêter sa litière, et, les yeux levés au ciel, comme pour le remercier de la fuite des infidèles, il expire au milieu de ses guerriers.

Ses dépouilles mortelles furent transportées à Edesse. Tous les habitants accoururent au-devant de cette pompe funèbre, qui présentait le plus attendrissant spectacle. D'un côté, on voyait des soldats en deuil, portant le cercueil de leur chef ; de l'autre, tout un peuple pleurait son appui, son défenseur, et célébrait la dernière victoire d'un héros chrétien.

## CHAPITRE IV.

#### Deuxième croisade. — Saint Bernard (1131—1187).

Cette même année, 1131, les chrétiens perdirent le roi de Jérusalem. Lorsque ce prince sentit sa dernière heure approcher, il se fit transporter au lieu où Jésus-Christ était ressuscité, il mourut entre les bras de sa fille Mélisende et de son gendre, auxquels il recommanda la gloire des Etats chrétiens.

Foulque, comte d'Anjou, fut couronné après la mort de Baudouin. A son avènement au trône, la discorde troublait les Etats des Latins ; et Foulque eut le malheur de commencer son règne par un combat contre un prince chrétien.

Bohémond II, prince d'Antioche, avait été tué dans une bataille contre les Turcs. Alise, sa veuve, fille de Baudouin II, voulait s'emparer de l'autorité, et ne craignit point d'invoquer le secours et l'appui des Sarrasins. D'un autre côté, Roger de Sicile avait des prétentions sur la principauté d'Antioche ; enfin le peuple, le clergé et la noblesse étaient partagés en plusieurs factions.

Le roi de Jérusalem, chef et protecteur de la confédération des Francs en Asie, voulut rétablir l'ordre, et prit la route d'Antioche avec ses barons et les chevaliers du Temple de Saint-Jean. Pons, comte de Tripoli, qui avait embrassé le parti d'Alise, entreprit d'arrêter à son passage le roi de Jérusalem. Ces deux princes se livrèrent un combat, et les plaines de la Phénicie furent rougies du sang des chrétiens. Foulque d'Anjou, après avoir dispersé les troupes du comte de Tripoli, se rendit à Antioche, imposa silence aux factieux, et rétablit la paix. Pour maintenir son ouvrage, il résolut de donner à la jeune Constance, fille que Bohémond II avait eue d'Alise, et qui était appelée à recueillir l'héritage paternel, un époux qui pût défendre ses droits, et mériter la confiance des Etats chrétiens. Il jeta les yeux sur Raymond de

Poitiers, et l'invita à se rendre en Palestine. Ce chevalier, frère de Guillaume, duc d'Aquitaine, était alors en Europe. Il quitta la France avec le bourdon et la panetière des pèlerins, et vint en Syrie épouser la fille de Bohémond, et régner avec elle sur les bords de l'Oronte.

Les chrétiens d'Orient avaient vu avec étonnement, et non sans douleur, deux princes croisés prendre les armes l'un contre l'autre ; ils ne furent pas moins surpris, lorsqu'ils apprirent quelque temps après, en 1135, que le roi venait de conclure un traité d'alliance avec Schebaheddin-Mahmud, sultan de Damas.

Le prince de Mossoul, Zengui, avait formé le projet de réunir à ses Etats la principauté de Damas. Le sultan de cette ville ne trouva d'autre moyen de résister à Zengui que d'appeler les chrétiens à son secours. Foulque, après avoir reçu des otages et des sommes considérables, consentit à défendre la principauté de Damas contre Zengui, à condition que lorsque la guerre serait finie, le prince musulman l'aiderait à son tour à reprendre la ville de Panéas, ou Césarée de Philippe, qui, peu de temps auparavant, était tombée au pouvoir des Sarrasins. Ce traité ayant été accepté du sultan de Damas, le roi se mit en campagne à la tête de son armée, pour protéger une ville musulmane. Zengui craignit de se mesurer avec les Francs, et leva le siège.

D'après les conditions de l'alliance, les guerriers de Damas et ceux de Jérusalem allèrent ensuite ensemble mettre le siège devant Panéas, située au pied du Liban, et près des sources du Jourdain. Panéas capitula au bout de quelques jours, et reconnut les lois du roi de Jérusalem.

La conquête de Panéas fut l'avénement le plus important qui signala les dernières années du règne de Foulque d'Anjou. Il mourut en 1142 ; il avait plus de soixante ans lorsqu'il monta sur le trône. A cette époque, les Etats chrétiens, en Orient, étaient au plus haut degré de leur prospérité ; vers la fin de son règne, ils penchaient vers leur décadence.

Baudouin III, âgé de treize ans, succéda à son père. On lui fit entreprendre une guerre injuste et malheureuse, présage d'un funeste avenir pour le royaume de Jérusalem.

Zengui, sultan de Mossoul et d'Alep, prince actif et puissant, voyant le jeune Josselin plongé en-deçà de l'Euphrate dans la mollesse, fond sur la ville d'Edesse, qu'il enlève avec facilité, en 1143. Cette conquête est comme le signal de la décadence de l'empire des Latins. Alarmés d'un échec qui ébranle leur puissance, ils s'empressent d'avoir recours aux princes de l'Europe, et de solliciter une nouvelle croisade pour le rétablissement de leurs affaires.

Bernard, abbé de Clairvaux, le plus grand homme de son siècle, reçut du pape Eugène III la permission de prêcher la croisade ; et il s'en acquitta avec tant de zèle, ses prédications eurent un succès si extraordinaire, qu'elles dépeuplèrent les campagnes et les villes. Il écrivait au pape Eugène : *Les villes et les châteaux sont déserts ; on ne voit que des veuves et des orphelins, dont les maris et les pères sont encore vivants.*

Saint Bernard passa de France en Allemagne ; il promit partout le succès de cette sainte expédition, et prédit des victoires. L'empereur Conrad III, entraîné par l'éloquence du prédicateur, promit d'aller où la volonté de Dieu l'appelait, et un grand nombre de barons et de chevaliers prirent la croix à l'exemple de leur empereur.

Lorsque saint Bernard fut de retour en France, Louis VII et son épouse, Eléonore de Guienne, qui avait pris la croix pour suivre son mari, faisaient les préparatifs du départ. Les colonies chrétiennes étaient pour les Francs comme une nouvelle patrie. Les guerriers qui avaient pris la croix ne semblaient s'armer que pour défendre une autre France, chère à tous les chrétiens, et qu'on pouvait appeler *la France d'Orient.*

Dans cette croisade, un grand nombre de femmes, entraînées par l'exemple de la reine, prirent la croix, et s'armèrent de la lance et de l'épée. Saint Bernard fut prié de se mettre à la tête de cette croisade ; mais il refusa.

Le roi de France, à la tête de 100,000 croisés, se mit en route avec la reine Eléonore, en 1147 ; il traversa l'Allemagne, et prit sa route sur Constantinople, où il devait trouver l'empereur d'Occident, parti avant lui. Lorsque les croisés français arrivèrent, les Allemands avaient déjà passé le Bosphore. L'empereur d'Orient, Manuel Comnène, petit-fils d'Alexis, envoya les principaux seigneurs de sa cour au roi de France ; ils se prosternèrent devant lui, et ne lui parlèrent qu'à genoux. La fierté française fut plus surprise que touchée d'un pareil hommage, et ne répondit que par un silence dédaigneux aux flatteries de la cour d'Orient.

Au milieu des fêtes qu'on donnait aux croisés, Louis-le-Jeune apprit que l'empereur entretenait des relations avec Masoud, sultan d'Iconium. L'on délibéra dans le camp français si l'on ne commencerait pas la croisade par la prise de Constantinople. Manuel, fidèle à la politique de son aïeul, mais plus habile et encore plus dissimulé que lui, alarmé de voir des guerriers pleins de fierté et d'audace méditer le projet de lui enlever sa capitale, eut l'adresse de faire répandre le bruit que l'empereur d'Occident avait remporté de grandes victoires sur les Turcs.

Ce moyen réussit parfaitement : il détourna les Français de leur dessein, et hâta leur départ. Impatiente de poursuivre les infidèles, l'armée des croisés marchait à grandes journées; mais à peine furent-ils entrés dans la Bithynie, qu'ils purent apprécier les bruits de la renommée et les récits des Grecs. Le sultan d'Iconium, averti par ceux-ci et de la marche et des projets des croisés, avait rassemblé toutes ses forces, et sollicité celles des autres puissances musulmanes, afin de fermer aux Francs les passages de l'Asie-Mineure. Il avait surpris Conrad, qui s'avançait sans précaution à travers des pays inconnus, et avait dispersé son armée. L'empereur lui-même, percé de deux flèches, avait échappé comme par miracle aux poursuites des Sarrasins.

La nouvelle de ce désastre jeta la consternation parmi les croisés français; cependant Louis VII, accompagné de ses plus braves guerriers, vola au-devant de Conrad. Les deux monarques s'embrassèrent en versant des larmes, et renouvelèrent le serment de se rendre en Palestine.

Cependant l'armée française poursuivit sa marche à travers la Phrygie, et arriva sur les bords du Méandre, vers l'embouchure du Lycus. Les Turcs, qui avaient détruit l'armée des Allemands, se préparaient à disputer aux Français le passage du fleuve. Les uns étaient campés sur les montagnes, les autres sur le rivage. Les pluies avaient grossi le Méandre : le passage était difficile et dangereux.

Rien n'arrêta les Français, animés par les discours et l'exemple de leur roi. En vain les Turcs firent pleuvoir une grêle de traits, et se présentèrent en bataille sur la rive; l'armée française traversa le fleuve, enfonça les rangs des infidèles, en fit un grand carnage, et les poursuivit jusqu'au pied des montagnes.

Cette victoire donna une grande confiance aux croisés, et rendit leurs ennemis plus prudents. Le sultan d'Iconium rallia son innombrable armée, et attendit les croisés dans les défilés qui séparent la Phrygie de la Pisidie. Dans ces montagnes, bordées de rochers et de précipices, il était impossible à l'armée française de garder aucun rang, aucun ordre. Sans cesse harcelée par les Turcs, elle laissait sur les chemins un grand nombre de pèlerins qui devenaient les victimes des infidèles. Lorsque les croisés furent engagés dans des passages escarpés et dangereux, les Turcs, qui occupaient toujours les hauteurs, tombèrent sur l'arrière-garde de l'armée, et la mirent dans une horrible confusion.

Malgré ce désastre, les Français continuèrent leur marche, et vengèrent plusieurs fois leur défaite sur les musulmans. Arrivés en Pisidie, les croisés eurent presque partout à se défendre de la perfidie des Grecs, et des agressions des Turcs. Ils parvinrent ainsi jusque sous les murs d'Attalie, sur la côte de Pamphylie, à l'embouchure du fleuve Cestius. Cette ville, gouvernée au nom de l'empereur de Constantinople, refusa d'ouvrir ses portes au roi de France, mais elle lui offrit des vaisseaux. Comme il n'y en avait pas assez pour transporter toute l'armée, Louis VII fit embarquer ses plus braves guerriers, et cingla vers Antioche.

Un grand nombre de pauvres pèlerins furent ainsi abandonnés.

Arrivé à Antioche, le roi de France fut reçu avec empressement par Raymond de Poitiers, l'époux de Constance. Ce prince, espérant que ces nouveaux croisés pourraient lui être utiles pour agrandir ses Etats, combla le roi de présents, et lui donna des fêtes brillantes. Parmi la foule de chevaliers et même de musulmans que la présence de la reine Eléonore avait attirés à Antioche, l'on remarquait un jeune Turc d'une physionomie très distinguée, nommé Saladin.

Louis VII vint à Jérusalem avec son épouse, et y retrouva l'empereur Conrad, à qui Manuel avait fourni quelques bâtiments de transport, et qui, parti d'Europe avec deux cent mille hommes, venait d'arriver dans la ville sainte en simple pèlerin, et suivi seulement de quelques chevaliers, malheureux débris de sa puissante armée.

Baudouin III, jeune prince d'une grande espérance, aussi impatient d'étendre sa renommée que d'agrandir son royaume, ne négligea rien pour obtenir la confiance des croisés, et presser la guerre qu'on devait faire aux Sarrasins. Ce fut contre Damas que les princes résolurent de tourner leurs forces. Toutes les troupes se réunirent dans la Galilée au commencement de 1148, et s'avancèrent vers la source du Jourdain, sous les ordres du roi de

France, de l'empereur d'Allemagne et du roi de Jérusalem.

Les chrétiens étaient si persuadés qu'ils allaient s'emparer de Damas, qu'on ne s'occupait plus parmi les chefs que de savoir à qui on allait donner la souveraineté de cette ville. La plupart des barons qui se trouvaient dans l'armée y prétendaient. Thiéry, comte de Flandre, l'ayant emporté par la protection du roi de France, cette préférence fit naître la jalousie. La discorde se mit dans l'armée, les chrétiens d'Orient ne voyaient qu'avec dépit un étranger, un nouveau venu qui allait régner sur une des plus belles provinces de l'Asie. Les opérations du siège en furent ralenties; les croisés de Syrie et ceux d'Europe ne réunissaient plus leurs efforts contre les infidèles. Bientôt on apprit que Noureddin, fils de Zenguin, et sultan de Mossoul et d'Alep, arrivait avec une nombreuse armée. On désespéra de prendre Damas, et le siège fut levé. Les croisés étaient encore en état de méditer quelque autre entreprise. Mais cet échec sembla avoir épuisé leur constance et leur courage, et la vaine insulte des remparts de Damas termina une expédition dont les préparatifs avaient occupé l'Europe et l'Asie.

Louis VII et Conrad III se hâtèrent de retourner en Europe.

Cette seconde croisade fut beaucoup plus malheureuse que la première; aucun genre de gloire n'y racheta les revers des chrétiens.

## CHAPITRE V.

*Derniers rois de Jérusalem. — Saladin (1159—1187).*

Pendant que les États chrétiens de Syrie dépérissaient de jour en jour, il s'élevait, du chaos où tout l'Orient était plongé, une puissance formidable qui devait achever de les renverser.

Noureddin, dont le père Zengui s'était déjà emparé de la ville d'Edesse avant la seconde croisade, avait hérité de ses conquêtes, et les avait augmentées par sa valeur. Ses peuples admiraient sa clémence et sa modération ; les chrétiens mêmes vantaient son courage.

Cependant Baudouin III, qui n'avait pas dégénéré de ses ancêtres, entreprit d'arrêter les progrès de Noureddin ; il fit admirer sa bravoure dans plusieurs batailles. La plus importante et la plus heureuse de ses expéditions fut la prise d'Ascalon, où les musulmans avaient toujours entretenu une garnison formidable. La garnison et les habitants, épuisés de fatigue et de misère, ouvrirent enfin les portes de la ville au bout de sept mois de siége, en 1158. Baudouin leur accorda une capitulation, et leur permit de se retirer en Egypte avec leurs familles. Amaury, frère du roi de Jérusalem, fut nommé gouverneur d'Ascalon.

Après cette victoire, le roi alla combattre Noureddin, et lui fit lever le siége de Panéas et de Sidon. En 1159, il s'empara de Césarée, et donna cette place à Renaud de

Châtillon, qui, par son mariage avec Constance, veuve de Raymond de Poitiers, était devenu prince d'Antioche.

Baudouin s'occupait de défendre cette principauté, toujours troublée par des factions, toujours menacée par les musulmans, lorsqu'il fut empoisonné par un médecin syrien, en 1163.

Baudouin III étant mort sans enfants, Amaury, son frère, comte de Jaffa et d'Ascalon, fut couronné roi de Jérusalem. Ce fut sur ces entrefaites qu'Abeh au Adhad, calife d'Egypte, profitant de la mort de Baudouin, essaya de se soustraire au tribut auquel son prédécesseur, Elfeis, s'était soumis depuis la prise d'Ascalon. Le nouveau roi de Jérusalem se mit à la tête de son armée, traversa le désert, porta la terreur de ses armes sur les bords du Nil, et ne revint dans son royaume qu'après avoir forcé les Egyptiens d'acheter la paix.

Le visir du calife s'engagea à payer au roi de Jérusalem un tribut annuel de 100,000 écus d'or, et consentit à recevoir une garnison dans le Caire.

Tandis qu'Amaury revenait vers sa capitale, la vue de ses provinces montueuses et stériles, la pauvreté de ses sujets, les étroites limites de son royaume, lui faisaient regretter d'avoir manqué l'occasion de conquérir un grand empire. A son retour, il épousa une nièce de l'empereur Manuel ; et, voulant mettre à profit, pour l'exécution de ses projets, l'union qu'il venait de contracter, il fit partir pour Constantinople des ambassadeurs chargés d'engager Manuel à l'aider dans la conquête de l'Egypte. L'empereur applaudit aux projets du prince latin, et lui promit de lui envoyer des flottes et des secours de toute espèce. Le roi de Jérusalem fit alors part de ses desseins aux barons et aux chevaliers du royaume.

Le grand-maître des Templiers déclara l'entreprise injuste ; il rappela au roi le traité fait avec le calife, les procédés généreux dont ce prince avait usé envers les chrétiens, et les riches présents dont il avait récompensé leur valeur et leurs services. Mais ces sages représentations ne purent convaincre les artisans de la guerre, qui fut résolue.

Tandis qu'Amaury faisait à Jérusalem les préparatifs de la conquête de l'Egypte, les mêmes projets occupaient Noureddin en Syrie. Après plusieurs défaites Amaury retourna dans son royaume, et fut poursuivi jusqu'au désert par les troupes de Nourredin.

Les chrétiens ne furent plus frappés que des malheurs dont le royaume de Jérusalem était menacé, et ils reprochèrent à leur roi de n'avoir su ni conserver la paix ni faire la guerre.

Pendant tout son règne, Amaury n'eut qu'une pensée, pour laquelle il épuisa toutes les ressources du royaume : la conquête de l'Egypte. Sa mort, arrivée en 1173, fut encore précédée d'une tentative sur ce pays.

Amaury laissa en mourant, pour gouverner ses Etats, un fils âgé de treize ans, malade, et couvert de lèpre. Raymond, comte de Tripoli, quatrième descendant du fameux comte de Toulouse, fut régent pendant la minorité du jeune Baudouin IV. Ce prince avait la bravoure, l'activité, l'ambition du héros dont il tirait son origine, et surtout cet indomptable caractère qui, dans les temps difficiles, irrite les passions, et provoque des haines implacables.

Aussi aveugle qu'Amaury, Raymond voulut profiter de l'arrivée d'une flotte de Sicile pour aller mettre le siége devant Alexandrie. Noureddin ne vivait plus; mais l'Egypte était gouvernée par un guerrier sorti des armées du sultan de Syrie, par Saladin, fils d'Ayoub, et neveu de Schirkou, aussi brave capitaine qu'habile politique. Saladin rassembla une nombreuse armée, et s'avança vers la Palestine. Baudouin IV venait alors de prendre les rênes de l'Etat. Craignant de se mesurer avec Saladin, il s'enferma dans Ascalon, d'où il contemplait avec effroi ses provinces désolées.

Tout semblait présager la chute prochaine du royaume, et déjà Saladin en partageait les villes avec ses émirs, lorsque le roi de Jérusalem prit une résolution digne des héros ses ancêtres, et qui rappela les beaux temps de Godefroi et de Baudouin I$^{er}$. Les menaces des Sarrasins et la vue des ravages de la guerre avaient indigné les chrétiens. L'armée, commandée par le roi, sortit d'Ascalon, et surprit les musulmans dans cette plaine célèbre par la victoire de Godefroi. Saladin ne put résister à l'impétuosité des Francs, et perdit la bataille, après s'être défendu vaillamment au milieu de ses mameloucks, milice nouvelle qu'il avait formée lui-même, et dont il était toujours entouré dans les combats. Saladin avait vu périr toute son armée dans cette bataille, journée désastreuse, dont le souvenir ne s'effaça jamais de sa mémoire, et qui fit pâlir, comme il le dit lui-même dans une lettre, l'étoile de la famille d'Ayoub. Monté sur un chameau, et suivi de quelques officiers, Saladin courut les plus grands dangers dans sa fuite à travers le désert, et retourna presque seul en Egypte, d'où il était parti peu de temps auparavant avec une armée formidable.

Cette victoire, gagnée en 1182, fut la dernière affaire mémorable où les chrétiens de Jérusalem se signalèrent sur les infidèles. Encore Baudouin IV ne tira pas de cette glorieuse bataille tout l'avantage que l'on en attendait. Les chrétiens, enflés par l'orgueil, devinrent téméraires, tandis que Saladin se conduisit à l'avenir avec plus de prudence.

Depuis quelque temps le royaume de Jérusalem marchait vers sa ruine avec une rapidité effrayante.

La plupart des barons et des chevaliers n'avaient plus, pour supporter les fatigues, pour braver les périls, l'héroïque résignation des premiers soldats de la croix. Depuis qu'on avait songé à la conquête de l'Egypte, ils regardaient la guerre comme un moyen de s'enrichir; et la soif du butin leur faisait oublier le sentiment de l'honneur, l'amour de la gloire, et la cause de Jésus-Christ. Un peuple aussi dégénéré ne pouvait longtemps conserver la Terre-Sainte. Telle était néanmoins la terreur que les premiers croisés avaient inspirée à tous les peuples de l'Asie, qu'ils se contentaient de s'opposer aux incursions des chrétiens, sans oser faire le siège de leurs forteresses. Saladin lui-même ne s'avançait qu'avec précaution; et cependant le malheureux royaume de Jérusalem était plus que jamais en proie aux discordes intestines. Le roi, toujours tourmenté de la lèpre, avait perdu la vue, et avait été obligé, en 1183, de résigner son autorité à Guy de Lusignan, second époux de sa sœur Sybille. Mais au bout de quelque temps, mécontent de Lusignan, il fit couronner Baudouin V, fils de Sybille et de Guillaume de Montferrat, et nomma Raymond de Tripoli pour régent.

Il mourut deux ans après ; et son neveu, le jeune Baudouin, faible et fragile espoir de la nation, ne tarda pas à le suivre dans la tombe. Raymond, comte de Tripoli, et Guy de Lusignan se disputèrent alors la royauté ; ce fut pendant ce temps que Saladin entra dans la Palestine, avec toutes les forces de son empire. Son armée était composée de Turcs, d'Arabes, de Curdes, de Sarrasins et d'Egyptiens.

A l'approche des maux qui allaient fondre sur le royaume, on se rallia à Guy de Lusignan ; tout ce qui était en état de porter les armes vint se réunir sous les drapeaux du roi, et l'on forma une armée de 50,000 combattants. L'avis du comte de Tripoli était que l'on ne devait point risquer une bataille générale, et qu'il fallait attendre Saladin ; mais le grand-maître des chevaliers du Temple l'emporta, et l'on se décida pour aller au-devant de l'ennemi.

L'esprit d'incertitude qu'avait montré Lusignan se communiquait aux autres chefs, et cette incertitude jetait le trouble et la confusion dans l'armée. Les soldats, découragés, quittèrent avec peine la plaine de Séphouri, où ils étaient campés, et marchèrent en silence vers l'armée musulmane. Saladin avait si bien disposé ses troupes qu'elles couvraient le sommet des collines, et dominaient tous les défilés par où les chrétiens devaient s'avancer. Dès qu'ils furent arrivés devant les infidèles, les chefs reconnurent leur imprudence ; mais ils ne pouvaient reculer. Ils prirent alors la résolution hardie et désespérée de

9

s'ouvrir un chemin à travers l'armée ennemie pour atteindre les rives du Jourdain.

Le 4 juillet 1187, dès le lever du jour, les chrétiens se mirent en marche : à peine se furent-ils ébranlés, que les archers musulmans ne cessèrent de faire pleuvoir sur eux des nuées de flèches. L'armée des Francs bravait, dans sa marche, les attaques des archers, lorsque Saladin descendit dans la plaine avec sa cavalerie. Alors les chrétiens furent obligés de s'arrêter pour combattre leurs ennemis qui leur disputaient le passage. Le choc fut impétueux ; mais les Francs, harassés de fatigue, altérés et étouffés de poussière et de chaleur, n'avaient point la même énergie que les Turcs : ils tombaient plus encore de lassitude que de blessures. Cependant la vraie croix, placée sur un lieu élevé, réveilla un moment leur courage, et malgré les charges réitérées de la cavalerie de Saladin, qui rompit plusieurs fois les rangs des chrétiens, la bataille dura toute la journée sans que la victoire parût se décider pour aucun des partis. La nuit sépara les combattants.

Saladin en profita pour placer des archers sur les hauteurs, et disposer ses troupes de manière que toute l'armée chrétienne fut enveloppée dès le commencement de l'action. Enfin le jour parut, et fut le signal de la ruine entière des Latins. Dès qu'ils aperçurent le développement des forces de Saladin, et qu'ils se virent environnés de toutes parts, ils furent saisis de surprise et de crainte. Saladin donna l'ordre du combat, et les Sarrasins fondirent de tous côtés sur leurs ennemis en jetant tous ensemble des cris épouvantables. Les chrétiens se défendaient vaillamment; mais, Saladin ayant fait mettre le feu aux herbes sèches qui couvraient la plaine, la flamme environna leur armée, et pénétra sous les pieds des hommes et des chevaux. Alors le désordre commença à se mettre dans les rangs des Francs. L'étendard sacré, le bois de la vraie croix, était porté par l'évêque de Ptolémaïs; celui-ci ayant été tué dans la mêlée, l'évêque de Lidda le releva, et chercha à prendre la fuite; mais il fut arrêté et fait prisonnier par les Sarrasins.

Un cri de désespoir s'éleva parmi les chrétiens, lorsqu'ils virent le signe de leur salut entre les mains du vainqueur. Les plus braves jetèrent leurs armes, et ne pensèrent qu'à fuir. Le carnage devint alors épouvantable. Le champ de bataille ne fut plus qu'un lieu de désolation; la retraite était impossible, et la défense inutile. Les Sarrasins pénétrèrent, sur des monceaux de morts, jusqu'au roi Lusignan, qui fut fait prisonnier avec son frère Geoffroi, le grand-maître des Templiers, Renaud et une foule d'autres chevaliers. Raymond de Tripoli, Bohémond III, prince d'Antioche, Renaud de Sidon, Baléan-d'Ibelin, furent presque les seuls qui purent échapper au désastre de la bataille de Tibériade.

Saladin déshonora sa victoire par la barbarie avec laquelle il traita les chevaliers du Temple et de Saint-Jean: il les fit tous massacrer. Le grand-maître des Templiers fut le seul qui obtint sa grâce. La crainte que les chrétiens inspiraient encore, jusque dans leur faiblesse, au sultan, l'avait rendu cruel; mais il se montra plus humain et plus généreux par la suite, quand il fut plus sûr de la victoire, et qu'il connut mieux sa puissance.

La terreur que la défaite de Tibériade avait répandue dans le pays ouvrit à Saladin les portes de Naplouse, de Jéricho, de Ramla, de Césarée, d'Arsur, de Jaffa, de Béritte, de Ptolémaïs, et de beaucoup d'autres villes. Le vainqueur alla mettre ensuite le siége devant Ascalon ; et quand la brèche fut faite, il somma la garnison de se rendre. Alors les principaux de la ville se présentèrent devant le sultan, et consentirent à sortir d'Ascalon, mais à la seule condition que Saladin briserait les fers du roi de Jérusalem ; sinon, ils s'enseveliraient sous les ruines de la ville, et lui feraient payer sa victoire le plus cher possible.

Saladin, touché de l'héroïsme des habitants d'Ascalon, accepta les conditions proposées ; mais Lusignan ne recouvra sa liberté qu'après le délai d'une année.

Le moment était venu où Jérusalem devait retomber de nouveau au pouvoir des infidèles. Saladin dit qu'il avait fait le serment de prendre Jérusalem d'assaut, et de passer au fil de l'épée tous les habitants.

Cependant les Sarrasins ayant été repoussés dans une attaque, Baléan, chef des croisés, ranimé par le succès qu'ils venaient d'obtenir, retourna auprès de Saladin, et lui dit : « Vous voyez que Jérusalem ne manque pas de » défenseurs ; si nous ne pouvons obtenir de vous aucune » miséricorde, nous prendrons une résolution terrible, » et les excès de notre désespoir vous rempliront d'épou- » vante. »

Saladin consulta les docteurs de la loi, qui décidèrent qu'il pouvait accepter la capitulation proposée par les assiégés, sans violer son serment. L'on entra alors en négociation, et le traité fut signé de part et d'autre le quatorzième jour du siége, 2 octobre 1187. Il fut dit par la capitulation que la reine rendrait la ville dans l'état où elle était, et sans rien démolir : que tous les guerriers auraient la permission de se retirer à Tyr ou à Tripoli, et que les habitants, Latins d'origine, seraient obligés d'en sortir, après un délai de quatre jours, et en payant pour leur rançon dix pièces d'or pour les hommes, cinq pour les femmes, et deux pour les enfants. Ceux qui ne purent se racheter restèrent dans l'esclavage.

Quant aux habitants chrétiens, Grecs ou Syriens, ils obtinrent de rester dans la ville.

Au commencement du siége, la ville sainte renfermait plus de cent mille chrétiens. La plupart d'entre eux furent rachetés. Baléan-d'Ibelin, dépositaire des trésors destinés aux dépenses du siége, les employa à délivrer une partie des habitants; Malek-Adel, frère du sultan, paya la rançon de deux mille captifs, et Saladin suivit son exemple en brisant les fers d'une grande quantité de pauvres et d'orphelins : il en resta encore quatre mille dans l'esclavage.

## CHAPITRE VI.

### Troisième croisade (1192—1195.)

Il est impossible de peindre la douleur que les peuples de l'Occident ressentirent à la nouvelle de la prise de Jérusalem. Le désespoir et la consternation furent universels. Ce désastre donna lieu à une nouvelle croisade. Clément III, souverain Pontife, la fit prêcher par Guillaume, archevêque de Tyr, venu en Europe pour implorer le secours des rois de l'Occident.

Frédéric Barberousse, empereur d'Allemagne, qui avait suivi son oncle Conrad dans la seconde croisade, partit le premier, en 1192, sans attendre le roi de France et celui d'Angleterre, qui armaient de leur côté. Comme il connaissait les désordres et les malheurs qui étaient résultés du trop grand nombre des croisés, il ne reçut sous ses drapeaux que ceux qui pouvaient emporter avec eux cinquante écus. Son armée était encore de cent mille hommes.

Isaac l'Ange était alors assis sur le trône de Constantinople. A la nouvelle de l'arrivée des Allemands, il fit une alliance avec Saladin, et ses troupes reçurent en même temps l'ordre de harceler les croisés, et même de les attaquer à force ouverte. Mais les Grecs étaient trop faibles pour se mesurer avec les Allemands : ils furent battus dès le premier combat, et Frédéric usa de tous les avantages de la victoire. Alors Isaac, qui jusque-là s'était donné dans ses lettres le titre de *très sublime*, de *très puissant empereur*, *d'ange de toute la terre*, qui avait fait arrêter les ambassadeurs de l'empereur, et qui n'avait regardé ce prince que comme un vassal, descendit aux plus humbles supplications : Frédéric fut pour lui le *très victorieux empereur des Allemands*. Il lui donna des otages, et nourrit pendant plusieurs mois une armée qu'il avait juré de détruire. La marche des croisés par l'Asie-Mineure fut plus heureuse que celle de la seconde croisade. Azeddin, sultan d'Iconium, étant venu à la rencontre de l'empereur, son armée fut taillée en pièces sur les rives du Méandre, que Louis VII avait déjà rendues célèbres par une brillante victoire.

Après avoir traversé le mont Taurus auprès de Larenda, Frédéric Barberousse s'était mis en marche pour la Syrie au commencement du printemps, et côtoyait la rivière de Salef, qui paraît être celle de Séleucie, plutôt que le Cydnus, qui passe à Tarse, et dans lequel plusieurs historiens font périr Frédéric. Attiré par la fraîcheur et la limpidité des eaux, il voulut s'y baigner; mais, saisi tout-à-coup d'un froid mortel, il perd connaissance; on se hâte de le secourir; il expire au bout de quelques instants. Sa mort fut plus funeste à son armée que la perte d'une grande bataille. Tous les Allemands pleurèrent un chef qui les avait si souvent menés à la victoire, et dont le nom était l'effroi des Sarrasins.

Après la mort de Frédéric, la douleur abattit le courage de ses soldats: les uns désertèrent les drapeaux de la croisade; les autres poursuivirent leur marche sous les ordres de Frédéric de Souabe, qui leur rappelait les vertus de son père, mais non son courage, son habileté dans la guerre. Cette armée eut tant à souffrir dans sa marche de la faim, de la fatigue et des attaques continuelles des Sarrasins, qu'elle ne se montait plus qu'à cinq mille hommes quand elle arriva en Palestine.

Pendant que Philippe-Auguste et Richard-Cœur-de-Lion faisaient les préparatifs de leur départ, Saladin poursuivait le cours de ses victoires. Cependant, au milieu de la consternation générale, une seule ville, celle de Tyr, arrêta toutes les forces réunies du vainqueur de l'Orient. Cet avantage fut dû à Conrad, fils du marquis de Montferrat, qui avait déjà rendu son nom célèbre dans toute l'Asie. Le sultan fut obligé de lever le siége, et tourna ses armes contre la ville de Tripoli ; mais il ne fut pas plus heureux.

Vers cette époque, en 1189, Guy de Lusignan, à qui Saladin avait rendu la liberté, se préparait à assiéger Ptolémaïs, tombée, comme on l'a dit plus haut, au pouvoir des infidèles quelques jours après la désastreuse bataille de Tibériade. Depuis la prise de Jérusalem, les chrétiens étaient moins divisés ; ils avaient éprouvé les effets de leurs funestes discordes, et ils cherchaient à l'envi l'un de l'autre à réparer leurs malheurs.

Déjà leurs espérances commençaient à se relever. Des guerriers français, anglais et flamands, qui avaient devancé Philippe et Richard, étaient arrivés, conduits par Jacques d'Avesnes, l'un des plus grands capitaines de son temps ; et les vaisseaux des Génois, des Pisans, des Vénitiens, amenaient tous les jours une foule de chevaliers de toutes les nations, impatients de combattre les infidèles. Les chrétiens, encouragés par les renforts qu'ils recevaient chaque jour, résolurent d'attaquer Saladin, accouru pour leur faire lever le siége de Ptolémaïs.

De nombreuses flottes arrivaient tous les jours ; et l'armée chrétienne, malgré les attaques souvent réitérées de Saladin, qui la tenait, pour ainsi dire, assiégée autour de la ville même qu'elle assiégeait, se grossissait sans cesse de croisés allemands, danois, frisons et flamands. Ce fut peu de temps après cette bataille que les débris de l'armée de Frédéric Barberousse vinrent se joindre à celle de Lusignan. L'on vit ensuite arriver le roi de France à la tête de troupes nombreuses. Le siége, qui avait été converti en simple blocus, prit dès-lors une nouvelle face.

Philippe fait dresser ses machines; un pan de muraille est renversé par la force de leurs coups, et présente aux assiégeants une large brèche. Alors tous les Français demandent l'assaut à grands cris. C'était un moment précieux dont le roi devait profiter; mais, fidèle à la parole qu'il avait donnée à Richard de l'attendre pour qu'il partageât l'honneur de la conquête, il ordonna que l'attaque fût différée. Les infidèles profitèrent de la loyauté de Philippe pour réparer leurs murailles.

Pendant que le roi de France attendait Richard, celui-ci s'emparait de l'île de Chypre. Il parut enfin avec sa flotte devant Ptolémaïs.

Le siége fut alors repris avec une nouvelle fureur; mais les musulmans avaient réparé, pendant les discussions des chrétiens, les fortifications ébranlées par le bélier. Deux fois les croisés donnèrent un assaut général, et deux fois ils furent obligés de revenir sur leurs pas pour défendre leur camp menacé par Saladin. Le roi tenta encore plusieurs fois de livrer une bataille générale aux Sarrasins; mais elle n'eut pas un succès plus heureux que celle que l'on a déjà rapportée. L'ardeur opiniâtre des musulmans se soutint ainsi pendant deux ans; mais lorsque les vivres manquèrent, la garnison voyant que Saladin était dans l'impossibilité de la secourir, et que les murailles s'écroulaient de toutes parts, demanda à capituler en implorant la clémence de Philippe-Auguste. Les Sarrasins promirent, si on leur accordait la vie et la liberté, de faire rendre aux chrétiens le bois de la vraie croix, et seize cents prisonniers. Ils s'engagèrent aussi à payer deux cent mille pièces d'or. La capitulation étant acceptée, l'armée chrétienne entra dans la ville le 13 juillet 1191, et l'on vit flotter les étendards chrétiens sur les murs et les tours de Ptolémaïs.

Tel fut le succès de ce fameux siège, dans lequel les croisés versèrent plus de sang qu'il n'en fallait pour conquérir toute l'Asie. Plus de cent combats et neuf grandes batailles furent livrés devant les murs de la ville ; plusieurs armées florissantes vinrent remplacer des armées presque anéanties, et furent à leur tour remplacées par des armes nouvelles.

C'est vers 1190, pendant le siège de Ptolémaïs, que l'on place avec le plus de probabilité l'établissement des chevaliers Teutoniques.

Comme Saladin différait, sous différents prétextes, de remplir les conditions du traité, Richard Cœur-de-Lion, irrité d'un retard qui lui paraissait un manque de foi, s'en vengea sur les prisonniers qui étaient entre ses mains. Sans pitié pour des ennemis désarmés, ni pour les chrétiens, qu'il exposait à de sanglantes représailles, il fit massacrer 5,000 musulmans devant Ptolémaïs, qu'ils avaient si vaillamment défendue. En effet, dès que Saladin fut informé de cette barbarie, il fit périr de la même manière un pareil nombre de Latins.

Après la conquête de Ptolémaïs, Philippe II, dont la santé était très affaiblie (on croyait qu'il avait été empoisonné), quitta la Palestine, laissant, pour continuer la guerre, 500 chevaliers et 10,000 fantassins. Richard se trouva alors seul chef principal de l'armée chrétienne. Saladin, comme un autre Fabius, l'observait de dessus les hauteurs, le harcelait sans cesse, et paraissait attendre une occasion favorable pour l'attaquer avec succès. Le 7 novembre 1191, il crut l'avoir trouvée au passage d'une rivière, voisine de la ville d'Antipatride, et dont il avait garni les deux rives d'un grand nombre de soldats. Richard, résolu à livrer bataille, rangea son armée, et donna le signal du combat. Aussitôt Jacques d'Avesnes, à la tête de l'avant-garde, se précipite sur les ennemis. Mais leurs rangs serrés repoussent la cavalerie chrétienne ; et, après trois charges brillantes, le brave Jacques d'Avesnes tombe percé de coups. Richard, accouru au secours de l'avant-garde, rétablit le combat.

Saladin fut défait, mais Richard ne sut point profiter de sa victoire : au lieu d'aller tout de suite à Jérusalem, il entreprit de réparer les fortifications des places maritimes de la Palestine, et laissa échapper une occasion qui ne se présenta plus.

Après quelques expéditions sans succès, désirant retourner dans son pays, il conclut avec Saladin une trêve de trois ans et huit mois, qui ne laissait aux chrétiens que la possession des places maritimes depuis Jaffa jusqu'à Tyr, et la liberté d'entrer à Jérusalem en petites troupes.

Après ce traité, Richard quitta la Palestine en 1193 ; mais le vaisseau qu'il montait ayant fait naufrage vers les côtes du golfe de Venise, il voulut continuer son voyage par terre. Craignant de traverser la France, et ayant partout des ennemis, il prit la route de l'Allemagne, caché sous l'habit d'un simple pèlerin.

## CHAPITRE VII.

*Quatrième et cinquième Croisades. — Croisade d'enfants. (1195—1213.)*

Le pape Célestin III, fortement décidé à secourir les chrétiens de la Terre-Sainte, publia une nouvelle croisade. Henri VI, empereur d'Allemagne, reçut du souverain Pontife, en 1195, une ambassade chargée de lui rappeler l'exemple de son père Frédéric, et de l'exhorter à prendre la croix.

De tous les princes de cette époque, aucun ne montrait plus d'ambition que cet empereur. L'expédition dont le Saint-Père lui proposait d'être le chef pouvait favoriser ses projets gigantesques. En promettant de défendre le royaume de Jérusalem, il ne songeait qu'à conquérir la Sicile, et la conquête de cette île n'avait de prix à ses yeux que parce qu'elle lui ouvrait le chemin de la Grèce et de Constantinople. Après avoir annoncé sa résolution de prendre la croix, Henri convoqua à Worms une diète générale, dans laquelle il exhorta lui-même les Allemands à s'armer pour défendre les saints lieux. Son éloquence, célébrée par les historiens du temps, et surtout le spectacle qu'offrait un grand empereur, prêchant lui-même la guerre contre les infidèles, firent une vive impression sur les peuples. Henri, entouré de sa cour, prit lui-même le signe des croisés : un grand nombre de seigneurs en firent autant.

Les croisés furent divisés en trois armées : la première

s'embarqua dans les ports de l'Océan et de la Baltique ; la seconde, sous les ordres de Valéran de Limbourg, traversa le Danube, et dirigea sa marche vers Constantinople, d'où la flotte de l'empereur grec Isaac devait la transporter à Ptolémaïs. A cette armée se joignirent les Hongrois que conduisait la reine Marguerite, sœur de Philippe-Auguste, et veuve de Béla. Quant au chef de l'empire, à la tête de quarante mille hommes, il se mit en marche pour l'Italie, où tout était préparé pour la conquête du royaume de Sicile ; il y détruisit, par toutes sortes de cruautés, la race illustre de Tancrède de Hauteville, qui régnait avec gloire dans ce pays, depuis cent cinquante ans.

L'armée que commandait Valéran fut la première qui arriva en Palestine. Ce pays était alors gouverné par Henri de Champagne, prince de Tyr, et le roi titulaire de Jérusalem ; il avait épousé Isabelle en troisièmes noces. A peine les Allemands furent-ils débarqués à Ptolémaïs, que, malgré les représentations des chrétiens, alors en paix avec leurs voisins, ils voulurent commencer la guerre, et se mirent à faire des incursions sur le territoire des Sarrasins. Saladin était mort ; mais Malek-Adel, son frère, que nos historiens nomment aussi Saphadin, avait hérité, sinon de tous ses Etats, du moins de sa réputation, de son courage et de la confiance des troupes. En effet, sans perdre de temps, Malek-Adel rassembla une bonne armée, et vint mettre le siège devant Jaffa, de toutes les places maritimes la plus importante aux yeux des chrétiens, parce qu'elle était la plus voisine de la côte, objet de tous leurs vœux.

- Lorsqu'on apprit à Ptolémaïs que la ville de Jaffa était

menacée, Henri de Champagne et ses barons, obligés de prendre part à la guerre où les engageaient les Allemands, se réunirent à eux. Les ordres militaires, avec les troupes du royaume, allaient se mettre en marche, lorsqu'un accident tragique vint de nouveau plonger les chrétiens dans le deuil. Henri de Champagne s'était placé à une fenêtre de son palais pour voir défiler son armée, la fenêtre s'écroula tout-à-coup, et l'entraîna dans sa chute : ce malheureux prince expira à l'instant.

Pendant que les chrétiens de Ptolémaïs pleuraient la mort de leur roi, l'armée musulmane s'emparait de Jaffa et passait vingt mille hommes au fil de l'épée. Les habitants de Ptolémaïs étaient dans la plus profonde consternation; mais un événement vint leur rendre quelque espoir. Les croisés partis des bords de la Baltique, après s'être arrêtés sur les côtes du Portugal, où ils défirent les Maures et prirent sur eux la ville de Silves, débarquèrent, en 1197, à Ptolémaïs.

Afin d'arrêter les progrès de Malek-Adel, les princes croisés tinrent contre eux un grand conseil de guerre. On résolut de sortir promptement de la place et de saisir la première occasion de livrer bataille. Elle ne tarda pas à se présenter. Les deux armées se rencontrèrent entre Tyr et Sidon. La réduction de Sidon, de Laodicée, de Baruth, et de plusieurs autres places, fut le résultat de la victoire des croisés, victoire qui laissa en même temps aux vainqueurs le temps de relever les fortifications de Jaffa, que les Sarrasins abandonnèrent.

A la nouvelle de la défaite de Malek-Adel, Afdhal, un des fils de Saladin, qui commandait à Jérusalem, jaloux de son oncle, envoya aux princes croisés un ambassadeur pour leur proposer son alliance, et leur faire espérer que s'ils donnaient leur consentement, il abjurerait le mahométisme, et se ferait chrétien. C'était le moment de marcher vers la ville sainte. Au lieu de prendre ce parti, les princes conduisirent l'armée devant le château de Thoron, une des places fortes de la Palestine, située sur une montagne escarpée, à huit lieues de Tyr, du côté de l'Orient.

La place, qui manquait de vivres, demandait à capituler. La plus noire trahison empêcha l'armée chrétienne de profiter de cette heureuse disposition des assiégés, et fut cause de tous les revers qui signalèrent la suite de cette croisade. Dès ce moment, les chrétiens d'Orient et les Allemands ne purent plus se souffrir; et ceux-ci, après quelques combats contre les Sarrasins, apprenant la mort de l'empereur Henri VI, quittèrent la Palestine, et s'en retournèrent dans leur pays, s'occuper de l'élection de son successeur.

Les Allemands n'étaient pas encore de retour dans leur patrie, que le pape Innocent III entreprit de réunir tous les princes de l'Europe dans une croisade générale. Aucun souverain ne prit la croix. Philippe et Richard, devenus ennemis irréconciliables depuis leur expédition en Terre-Sainte, se craignaient trop pour abandonner leur pays, et l'exposer aux incursions l'un de l'autre; mais un grand nombre de seigneurs français, flamands, allemands et italiens se croisèrent.

L'histoire ne nomme que deux personnages de distinction que l'Angleterre ait fournis à cette croisade, les comtes de Norwich et de Northampton.

Il fut question ensuite de faire passer les troupes en

Orient par la voie la plus aisée et la plus courte. Celle de terre était longue, pénible et semée de dangers. Les désastres qu'avaient éprouvés le roi Louis-le-Jeune, et les empereurs Conrad et Frédéric, étaient un motif puissant pour y renoncer; mais d'une autre part, il fallait aux croisés une nombreuse flotte, qu'ils n'étaient pas en état d'équiper. Ils prirent donc la résolution de s'adresser aux Vénitiens, et envoyèrent au doge, Henri Dandolo, des commissaires qui passèrent avec lui, en 1201, un traité par lequel il s'engageait à fournir un nombre suffisant de bâtiments pour le transport de quarante mille combattants, ainsi que des vivres pour neuf mois, moyennant une somme de 4,250,000 fr.

La république de Venise, toujours guidée par ses propres intérêts, promit aussi d'équiper cinquante galères, mais à condition qu'elle aurait pour sa part la moitié des conquêtes que l'on ferait. Plusieurs seigneurs, trouvant les conditions trop dures, s'embarquèrent dans différents ports, de manière que, lorsque les Vénitiens réclamèrent la somme stipulée pour le passage de l'armée, l'on sentit le tort que faisait l'absence de ces seigneurs. Dans l'embarras où l'on se trouva, il fallut que les princes croisés vendissent leur vaisselle d'argent, leurs chaînes d'or, et jusqu'à leurs anneaux, pour en remettre la valeur aux avides commissaires du gouvernement vénitien. Malgré ces sacrifices, ils ne purent fournir que cinquante mille marcs d'argent; il en restait trente-cinq mille à payer. Les croisés se trouvaient fort embarrassés, lorsque le doge leur fit proposer de les décharger de ce reste de leur dette, si, après s'être embarqués et avant de quitter les mers de l'Europe, ils voulaient, en passant, l'aider à reprendre en Dalmatie la ville de Zara, qui dépendait de l'ancien domaine de la république, et dont les habitants, après plusieurs révoltes, s'étaient donnés aux Hongrois.

Il fallait renoncer à la croisade, ou souscrire à cette proposition. La ville fut prise : on abattit une partie des murs, mais on épargna les habitants.

L'armée chrétienne s'apprêtait à quitter Zara, où elle aurait passé l'hiver, lorsqu'elle reçut de Philippe, duc de Souabe, des ambassadeurs qui venaient implorer les secours des croisés en faveur d'un jeune prince malheureux.

Isaac, empereur de Constantinople, avait été détrôné par son frère Alexis : abandonné de tous ses amis, privé de la vue et chargé de fers, il gémissait dans une prison. Le fils d'Isaac, appelé aussi Alexis, qui partageait la captivité de son père, ayant trompé la vigilance de ses gardes et brisé ses fers, s'était réfugié en Occident, dans l'espoir que les rois et les princes prendraient un jour sa défense et déclareraient la guerre à l'usurpateur du trône impérial. Philippe de Souabe, qui avait épousé Irène, accueillit le jeune prince son beau-frère ; mais, ne pouvant rien faire pour lui, il le recommanda aux croisés. Ceux-ci acceptèrent la proposition de l'établir sur le trône.

Poussés par un vent favorable, les croisés gagnèrent d'abord le port de Chalcédoine, ville célèbre, située dans une péninsule à l'embouchure du Bosphore, qui la sépare de Constantinople par un canal d'environ deux lieues de largeur, et se rendirent ensuite à Chrysopolis, aujourd'hui Scutari, qui n'est qu'à une demi-lieue de la capitale, en face de la pointe du sérail.

L'usurpateur Alexis eut recours aux négociations; mais, comme les chefs de l'armée chrétienne exigeaient dans leurs conditions qu'il abdiquât et rendît la couronne à son frère, toute voie conciliatrice fut rompue.

Avant d'employer la force des armes, les croisés tentèrent de soulever le peuple en faveur du jeune Alexis. A cet effet, ils firent partir un certain nombre de galères, sur l'une desquelles était monté le prince grec. Ces bâtiments eurent l'ordre de côtoyer la ville, du côté de la Propontide. Pendant qu'un peuple immense, qui couvrait les remparts, avait les yeux fixés sur cette flotte, un héraut lui montrait Alexis en criant : « Reconnaissez » votre souverain légitime; ayez pitié de lui et de vous-» mêmes, et délivrez-vous de l'oppression d'un tyran. » Mais ces paroles ne produisirent aucun effet, tant était grande la terreur que celui-ci inspirait. Ce moyen ayant été inutile, une armée, qui ne se montait plus guère qu'à 30,000 combattants, résolut d'assiéger une ville qui renfermait 200,000 hommes en état de porter les armes, et qui était défendue par une double enceinte de murailles et par une garnison de 70,000 guerriers, il est vrai de différentes nations.

L'armée chrétienne effectua le passage du Bosphore au-dessus de Scutari, en présence même de l'armée ennemie, qui bordait le rivage.

L'armée impériale, forte de soixante mille hommes, se dirigea vers le camp des Français, qui ne pouvaient lui en opposer tout au plus que vingt mille. L'empereur, redoutant autant les Latins qu'il se défiait des Grecs, ne songea plus qu'à sauver sa vie : il fit rassembler tous ses trésors, et s'embarqua dans la nuit avec sa fille Irène et un petit nombre de domestiques, laissant dans la ville sa femme Euphrosine et ses deux autres filles. Il gagna le Pont-Euxin, et, à force de rames et de voiles, il arriva en peu d'heures à Zagora, ville de Thrace, où il avait envoyé d'avance une partie de ses équipages.

Dès que les habitants de Constantinople eurent appris la honteuse fuite du lâche Alexis, pour apaiser le courroux des Latins, ils coururent dans la prison où gémissait Isaac, brisèrent ses fers, et lui ceignirent la tête du diadème impérial. A la nouvelle de cette heureuse révolution, les princes croisés embrassèrent le jeune Alexis, en le félicitant d'un succès si imprévu.

Lorsque le jeune Alexis s'allia par un traité avec les Latins, il n'avait pas prévu toutes les difficultés qu'il rencontrerait pour en remplir les engagements; et bientôt les hostilités recommencèrent entre les Grecs et les croisés. Il y avait alors à la cour de Constantinople un seigneur de la maison des Ducas, nommé Murzuphle; cet homme voulut délivrer sa patrie du joug de l'étranger. Profitant de la haine des Grecs pour les croisés, il représenta au peuple l'empereur Isaac et son fils comme les alliés des Latins. Les Grecs se soulevèrent contre ces princes qui traînaient à leur suite une foule avide, et Murzuphle fut élu par le peuple pour remplacer Isaac et Alexis détrônés.

Les chefs des croisés, voyant qu'il n'y avait point d'alliance à espérer avec les Grecs, résolurent la conquête de l'empire. Une attaque heureuse conduisit les Français dans la ville; et Murzuphle n'eut d'autre ressource que la fuite.

Après le partage du butin provenu du pillage de la

ville, l'on s'occupa de choisir un empereur. Les princes croisés nommèrent à cet effet douze électeurs, six parmi les Français, et autant parmi les Vénitiens. Les Français ayant égard à l'expérience et à l'habileté dans les conseils du doge Dandolo, allaient lui donner leurs voix, lorsque le Vénitien Pantaléon Barbo, un des électeurs, représenta le danger qui résulterait dans l'avenir, pour la république de Venise, d'élever leur doge sur le trône impérial. Ces sages et fiers républicains craignirent que le siége de leur empire étant transporté à Constantinople, Venise, à l'exemple de Rome, ne cessât un jour d'être la capitale de la république. Les électeurs jetèrent alors les yeux sur Boniface, marquis de Montferrat, qui avait eu jusqu'alors le commandement des troupes ; mais les Vénitiens ne voulurent point, par imprudence, donner un si grand accroissement de puissance à un prince dont les Etats en Italie avoisinaient leurs provinces. Après quelques débats, les suffrages se réunirent enfin sur Baudouin, comte de Flandre et de Hainaut.

Baudouin fut couronné le 23 mai 1104, avec la plus grande solennité. Ainsi fut fondé l'empire latin de Constantinople ; toutefois la cinquième croisade ne fut d'aucun secours au royaume de Jérusalem, qui, gouverné alors par Amaury, quatrième époux de la princesse Isabelle, était morcelé de jour en jour par les Sarrasins.

## CHAPITRE VIII.

*Sixième Croisade. — Perte de Jérusalem (1217—1243).*

Aucun souverain pontife ne montra plus de zèle pour les croisades qu'Innocent III. Sous son pontificat, la cinquième de ces expéditions d'outre-mer eut lieu; ce fut encore ce pape qui convoqua à Rome un concile général dans l'église de Latran, pour engager les princes d'Occident dans une ligue contre les infidèles. Il s'y trouva quatre cent douze évêques, y compris les patriarches de Constantinople et de Jérusalem, soixante-onze primats ou métropolitains, plus de huit cents abbés ou prieurs. On y vit les ambassadeurs de Frédéric II, roi de Sicile, élu empereur d'Allemagne; de Henri, empereur de Constantinople; des rois de France, d'Angleterre, de Hongrie, d'Aragon, de Jérusalem et de Chypre.

Le pape fit l'ouverture, puis les évêques reçurent l'ordre de prêcher la croisade dans leurs diocèses; et le cardinal Pierre-Robert de Courçon, légat du pape, parcourut la France en exhortant les chrétiens à prendre la croix et les armes. Les prédications de la guerre sainte réveillèrent partout la charité des fidèles. Philippe-Auguste abandonna la quarantième partie de ses revenus domaniaux pour les dépenses de la croisade; un grand nombre de seigneurs et de prélats suivirent l'exemple du roi de France.

Parmi les princes qui jurèrent de traverser la mer pour combattre les musulmans, on remarquait André II, roi de Hongrie. Béla, père du monarque hongrois, avait fait le vœu d'aller en Palestine ; mais n'ayant pu entreprendre ce saint pèlerinage, il avait, au lit de mort, fait jurer à son fils de remplir son serment. André régnait alors sur un vaste royaume : la Hongrie, la Dalmatie, la Croatie, la Bosnie, la Gallicie et la province de Londomire obéissaient à ses lois et lui payaient des tributs. Dans toutes ces contrées, naguère ennemies des chrétiens, on prêcha la croisade ; et parmi les peuples de Hongrie, qui, un siècle auparavant, avaient été la terreur des pèlerins compagnons de Pierre-l'Ermite, une foule de guerriers s'empressèrent de prendre la croix, et promirent de suivre leur monarque à la Terre-Sainte.

Le roi de Hongrie partit en 1217 : mais après un séjour de trois mois en Palestine, et sans avoir remporté aucun avantage signalé, ni rien fait d'important, il donna le signal du départ, en laissant ces malheureuses contrées en proie à la guerre. Heureusement pour les chrétiens d'Orient, de nombreuses flottes, sorties de la Hollande, de la France, de l'Italie, ne tardèrent pas à se présenter au port de Ptolémaïs, et y débarquèrent un grand nombre de croisés de toutes nations.

Léopold, duc d'Autriche, prince actif et entreprenant, parti avec le roi de Hongrie, et resté après son départ, engagea le roi de Jérusalem à profiter de l'arrivée de ces nouveaux guerriers pour exécuter quelque entreprise importante qui frappât d'étonnement les infidèles, et les forçât à respecter davantage le royaume de Jésus-Christ. Dans un conseil de guerre, l'on résolut de tourner les armes contre l'Egypte pour obliger les Sarrasins d'abandonner la Palestine ; et l'on décida que l'on commencerait l'attaque de ce pays par le siége de Damiette, qui en était la clef, et dont la prise entrainerait la soumission de toutes les autres places.

On ne perdit pas de temps pour mettre ce projet à exécution. On embarqua les troupes à la fin de mai 1218, et, à la faveur d'un bon vent du nord, l'armée ne tarda pas à paraître devant Damiette. Cette ville était alors la plus belle, la plus riche et la plus forte de l'Egypte. Elle était située à environ dix lieues de l'ancienne Péluse, autrement Belbéis, sur la rive orientale du second bras du Nil, à environ un mille de la mer. Du côté du fleuve elle était défendue par une double enceinte de murailles de briques, et du côté de la campagne cette enceinte était triple. Un grand nombre de tours et un large et profond fossé, rempli des eaux du Nil, en défendaient les approches. Au milieu du fleuve s'élevait une tour extrêmement forte, qui pouvait contenir une nombreuse garnison. Une énorme chaîne qui s'étendait depuis cette tour jusqu'à l'une de celles de la ville, empêchait toutes sortes de bâtiments de passer outre pour se rendre vers le port, situé à l'extrémité de l'un des faubourgs.

Malgré la position avantageuse de cette tour, les croisés résolurent de s'en emparer, parce qu'elle rendait impossible l'attaque de la ville de ce côté, qui en était le plus faible. A cet effet, le duc d'Autriche et les Hospitaliers firent attacher aux mâts de leurs vaisseaux de grandes échelles, qui, semblables à des ponts-levis, pouvaient s'abaisser à l'aide de poulies. L'on fit ensuite avancer les navires vers la tour, et les soldats qui la montaient, bravant les traits et les machines meurtrières des musulmans, livrèrent plusieurs assauts; mais les prodiges de la force, de la bravoure et de l'adresse furent inutiles. Les plus intrépides des croisés, victimes de leur audace et de leur dévouement, périrent engloutis dans les flots, sans pouvoir être secourus ni vengés par leurs compagnons.

Ces échecs rendirent les chrétiens plus prudents. Les plus légers de leurs navires remontèrent le Nil, et vinrent jeter l'ancre au-dessus de la tour bâtie au milieu du fleuve; on attaqua, on renversa le pont de bateaux qui communiquait de la tour à la ville. L'industrie vint bientôt seconder la bravoure des croisés : on inventa des machines dont la guerre n'avait point encore offert de modèle. Un énorme château de bois, construit sur deux navires liés ensemble par des poutres et des solives, fut admiré comme une invention miraculeuse, et regardé comme un gage assuré de la victoire. Sur ce château flottant était un pont-levis qui pouvait s'abattre sur la tour des Sarrasins, et des galeries destinées à recevoir les soldats qui devaient attaquer les murailles. Pour l'empêcher de prendre feu, on l'avait couvert de peaux de bœufs et de chameaux.

Tous les croisés attendaient avec impatience le moment où l'énorme forteresse pourrait s'approcher de la tour du Nil ; on prit l'élite des soldats de chaque nation, et Léopold, le modèle des chevaliers chrétiens, obtint l'honneur de commander une expédition à laquelle se trouvaient attachés les premiers succès de la croisade. Au jour indiqué, les deux navires surmontés du château de bois reçurent le signal du départ. Ils portaient 300 guerriers couverts de leurs armes. A l'approche des murailles, les deux vaisseaux jettent leurs ancres, et les soldats se préparent à l'assaut. Tandis que les chrétiens lancent leurs javelots et se disposent à se servir de la lance et de l'épée, les Sarrasins font pleuvoir des torrents de feu grégeois, et réunissent tous leurs efforts pour livrer aux flammes le château de bois où combattaient leurs ennemis : les uns étaient animés par les applaudissements de l'armée chrétienne ; les autres encouragés par les acclamations mille fois répétées des habitants de Damiette. Au milieu du combat, tout-à-coup la machine des croisés paraît en feu ; le pont-levis, appliqué sur les murailles de la tour, chancelle ; le porte-enseigne du duc d'Autriche tombe dans le Nil, et le drapeau des chrétiens reste au pouvoir des musulmans.

Cet évènement produit sur les Sarrasins l'effet d'une victoire : ils poussent un cri de joie en signe de triomphe. Heureusement les assiégeants parviennent à éteindre le feu grégeois à force de sable et de vinaigre. Ils redressent promptement le pont, joignent l'ennemi, le chargent avec fureur, et l'obligent à reculer. Deux soldats s'élancent sur la plate-forme, où se défendaient les Sarrasins, et portent l'épouvante parmi les assiégés. Dans ce moment, par un dernier effort de bravoure et de désespoir, quelques ennemis descendent dans le premier étage de la tour de bois, et cherchent à y mettre le feu au risque de périr eux-mêmes ; mais leur courage est inutile, la victoire abandonne les infidèles. Les musulmans sont attaqués de toutes parts ; partout les murailles, ébranlées par les machines de guerre, s'écroulent autour d'eux, et menacent de les ensevelir sous leurs ruines ; bientôt ils mettent bas les armes, et demandent la vie à leurs vainqueurs.

Après cette victoire mémorable, les chrétiens, maîtres

de la tour du Nil, rompirent la chaîne qui fermait le passage des vaisseaux ; et la flotte put s'approcher des remparts de la ville.

Malek-Adel se disposait à marcher au secours de Damiette, quand il apprit cette triste nouvelle. Il n'en pressa pas moins les préparatifs de l'expédition qu'il destinait contre les chrétiens ; mais la mort vint le saisir. De son vivant il avait partagé ses États entre ses nombreux enfants : Mélic-Kamel ou Mélédin, l'aîné, eut l'Egypte ; la Syrie était gouvernée par Coradin.

Cependant les chrétiens, au lieu de poursuivre leurs succès, après s'être emparés de la tour du Nil, négligèrent tout-à-coup les travaux du siège, et semblèrent s'endormir sur leurs premières victoires. Le siège traîna tellement en longueur que le soudan Mélédin eut le temps d'assembler une nombreuse armée. La garnison de Damiette reçut des vivres et des renforts, et les musulmans vinrent camper au pied des murs pour surveiller l'armée des croisés.

Mélédin, campé au pied des murailles de la ville, désespérant enfin de la sauver, fit des propositions aux chrétiens ; mais, quelque avantageuses qu'elles fussent (il offrait de rendre le royaume de Jérusalem), les croisés les rejetèrent : ils étaient sûrs d'emporter la place d'un moment à l'autre. En effet, le légat, qui avait pour ainsi dire pris le commandement de l'armée, conduisit, pendant une nuit très obscure, ses troupes au pied des remparts, et tandis qu'une partie des soldats pénétrait dans la ville à l'aide d'une brèche, les autres sapaient et brûlaient les portes. Bientôt toute l'armée accourt, l'on s'empare des tours ; et, lorsque le tumulte réveille les habitants de la ville, ils se trouvent au milieu de leurs ennemis. Cette conquête eut lieu le 5 novembre 1219.

Les croisés ne jouirent pas longtemps de la possession de Damiette : sans s'attendre ni se consulter, les princes partaient les uns après les autres, et s'en retournaient de même : aussi cette sixième croisade n'eut aucun résultat important. L'on a déjà vu l'expédition infructueuse du roi de Hongrie. Frédéric II, empereur d'Allemagne et roi des Deux-Siciles, pressé par le pape Honoré III, résolut à son tour d'entreprendre le voyage d'Orient. Mais, en paraissant céder aux instances du souverain pontife, le prince germain travaillait aussi pour lui-même; car il avait épousé Yolande, fille de Jean de Brienne, et avait acquis, par cette alliance, un titre incontestable au royaume de Jérusalem.

Ce prince ambitieux força bientôt après son beau-père à lui céder sa couronne; Jean de Brienne, trop faible pour résister, consentit à tout ce qu'on lui demandait; et c'est depuis cette abdication forcée, qui eut lieu en 1225, que les rois des Deux-Siciles ont ajouté la croix de Jérusalem à leurs armoiries.

Frédéric s'embarqua à Brindes au mois de juin 1228. Dans le même temps, Mélédin, sultan d'Égypte, accouru pour secourir la Syrie, apprit que le sultan de Damas lui avait déclaré la guerre, et que plusieurs princes musulmans allaient prendre les armes contre lui. Le sultan d'Égypte et l'empereur d'Allemagne suivaient depuis plusieurs mois des négociations pour la paix ; pressés de toutes parts par leurs ennemis, environnés de dangers dans leur propre camp, ils résolurent enfin de se rapprocher et de conclure un traité qui leur permit de disposer de leurs forces pour leur sûreté ou leur ambition personnelle : ils convinrent entre eux qu'on ferait une trêve de dix ans, et que Jérusalem, Nazareth, Bethléem, Thoron seraient livrées à Frédéric ou à ses lieutenants. D'après les conditions du traité, les musulmans devaient conserver dans la ville sainte la mosquée d'Omar, et le libre exercice de leur culte. L'empereur d'Allemagne s'engageait à détourner les Francs de toute espèce d'hostilité contre les sujets et les terres du soudan d'Égypte.

Lorsqu'on connut les dispositions du traité, la paix fut regardée dans les deux camps comme impie et sacrilége. Les imans et les cadis condamnèrent hautement une trêve qui enlevait aux musulmans la ville sainte, qu'ils appelaient la maison de Dieu, la cité du prophète ; et les prélats et les évêques s'élevèrent avec raison contre un traité qui laissait subsister des mosquées à côté du saint Sépulcre, et confondait ainsi le culte de Mahomet avec celui de Jésus-Christ.

Frédéric, bien connu d'ailleurs par ses impiétés et sa tyrannie, ne conclut ce traité que pour blesser le Saint-Siége et les chevaliers du Temple, qui le traversaient dans ses desseins.

La sixième croisade, qui embrasse un espace de vingt-cinq ans, se termina par le voyage à la Terre-Sainte de Thibaud IV, comte de Champagne et roi de Navarre, et par celui de Richard, comte de Cornouailles et frère du roi d'Angleterre Henri III.

Thibaud était célèbre parmi les chevaliers et parmi les troubadours. Hugues, duc de Bourgogne, Pierre de Dreux, duc de Bretagne, et une foule de seigneurs français suivirent le roi de Navarre.

Lorsque ces croisés débarquèrent à Ptolémaïs, vers 1239, Mélédin venait de mourir, et toutes les principautés d'Orient étaient le théâtre et l'objet de guerres intestines qui empêchaient les princes de la famille d'Ayoub de se réunir contre les chrétiens. Cependant, les croisés ne purent obtenir aucun succès éclatant, parce qu'étant divisés d'intérêts, ils ne combattaient jamais ensemble. Après un échec reçu auprès de la ville de Gaza, se croyant dans l'impossibilité de faire triompher leurs armes, ils traitèrent séparément avec les infidèles, et firent la paix comme ils avaient fait la guerre. Les Templiers et quelques chefs de l'armée convinrent d'une trêve avec le sultan de Damas, et obtinrent la restitution entière des saints lieux : de leur côté, les Hospitaliers, le roi de Navarre, les ducs de Bretagne et de Bourgogne, conclurent un traité avec le sultan d'Egypte, et s'engagèrent à le défendre contre les Sarrasins qui venaient de rendre Jérusalem aux chrétiens. Le patriarche rentra à Jérusalem avec tout son clergé ; on bénit de nouveau les églises, et on y célébra les saints mystères.

Le roi de Navarre avait à peine quitté la Palestine, qu'il fut remplacé par des Anglais arrivés sous la conduite du prince Richard. Le comte de Cornouailles se disposait à entrer en campagne, tout semblait lui présager des succès ; mais après quelques jours de marche et quelques avantages peu importants, se voyant mal secondé par les chrétiens de la Palestine, il fut obligé de renouveler la trêve faite avec le sultan d'Egypte. Il ne put obtenir que l'échange des prisonniers et la permission de rendre les honneurs de la sépulture aux chrétiens tués à la bataille de Gaza. Il remonta ensuite sur sa flotte, en 1241, et fit voile pour l'Italie.

Les chrétiens de la Palestine n'avaient pas encore achevé de réparer les fortifications de Jérusalem, qu'un nouveau peuple, les Corasmins, fondit sur la Judée, et força les fidèles d'évacuer de nouveau la ville sainte.

## CHAPITRE IX.

### Septième Croisade. — Saint Louis (1245-1270.)

Cette nouvelle répandit la consternation parmi les peuples de l'Occident; et Innocent IV résolut de faire les plus grands efforts pour procurer du secours aux chrétiens d'Orient. Dans un conseil convoqué à Lyon en 1245, il fut ordonné que la croisade contre les infidèles serait prêchée par toute l'Europe; que, pendant quatre ans, il y aurait suspension d'armes entre tous les princes chrétiens; que, pendant tout cet espace de temps, il n'y aurait ni tournois, ni fêtes, ni réjouissances publiques; que les princes et les seigneurs croisés retrancheraient toute espèce de superfluités dans leur dépense, et que les ecclésiastiques s'imposeraient pour les frais de la croisade.

Ce décret, qui s'adressait à tous les princes chrétiens, ne reçut son exécution que du roi de France Louis IX, déjà célèbre par une guerre soutenue avec gloire et avantage contre l'Angleterre. Dans une dangereuse maladie, ce prince avait fait vœu de se croiser ; il profita de cette occasion pour remplir son engagement.

Après avoir pris l'oriflamme dans l'église de Saint-Denis, il partit en 1248, suivi de ses trois frères, Alphonse, comte de Poitiers, Robert, comte d'Artois, et Charles, comte d'Anjou. Un grand nombre de seigneurs les plus illustres de la France accompagnaient leur monarque.

Saint Louis s'embarqua avec la reine son épouse à Aigues-Mortes, et après une heureuse navigation, relâcha à Limisso, dans l'île de Chypre, où il fut reçu par le roi Henri de Lusignan. Pendant le séjour que fit le roi de France, il reçut les ambassadeurs d'un prince tartare qui se trouvait alors vers l'extrémité orientale de la Perse. Ces envoyés lui apprirent que leur maître avait embrassé la religion de Jésus-Christ, et désirait contracter une alliance avec lui pour faire la guerre au calife de Bagdad. Ils terminèrent leur discours en disant que leur souverain était déterminé à assiéger la ville de Bagdad au commencement de l'été, et qu'il priait le roi d'attaquer en même temps l'Egypte, afin que le sultan et le calife fussent dans l'impuissance de se secourir l'un l'autre. Après avoir conféré avec eux sur l'objet de leur mission, saint Louis les renvoya chargés de présents pour le prince qu'ils représentaient. Avant de se rembarquer, le roi fit alors construire un grand nombre de bateaux plats pour éviter les bas-fonds du rivage égyptien, et envoya déclarer la guerre à Malech-Salech, sultan d'Egypte.

Les premiers objets qui se présentèrent à la flotte française, en approchant de terre, furent deux grandes armées : l'une, avec une multitude de vaisseaux et de galéres, défendait l'embouchure du Nil; l'autre couvrait le rivage pour s'opposer à la descente; cependant le roi résolut de l'effectuer. On donne le signal; à l'instant tout s'ébranle de concert.

Les Sarrasins qui avaient été repoussés par les premières troupes descendues sur le rivage, furent saisis de terreur en voyant l'armée chrétienne marcher contre eux en bon ordre, ayant le roi à sa tête. Dès ce moment leur résistance s'affaiblit, et bientôt après ils prirent la fuite.

Après un séjour de plusieurs mois dans la ville de Damiette, où il entra sans coup férir, le roi dirigea sa marche vers le Caire, capitale de l'Egypte. Mais au passage du bras tanitique du Nil, en 1250, saint Louis eut la douleur de perdre son frère Robert, comte d'Artois, qui commandait l'avant-garde.

Le reste de l'armée chrétienne venait alors d'effectuer le passage du fleuve, sous les ordres du roi. Les infidèles, comptant sur une victoire certaine, après la défaite du comte d'Artois, vinrent tous ensemble attaquer l'armée chrétienne: ils étaient si nombreux, qu'ils auraient pu exactement l'envelopper, si elle n'eût pas eu le fleuve à dos.

L'exemple du roi, le péril qu'il courut, enflammèrent tellement le courage de ses troupes, qu'après avoir soutenu pendant plusieurs heures les efforts d'une armée infiniment plus nombreuse, elles la forcèrent enfin de se retirer après une perte considérable, et de leur abandonner le camp et toutes les machines dont le comte d'Artois s'était emparé au commencement de cette journée.

Les Sarrasins étaient alors commandés par Bondocdar.

Ce général, qui avait remplacé Facardin, était plein de valeur, d'habileté et d'activité. Dès le troisième jour, sans se décourager ni laisser reposer ses troupes, il résolut de tenter encore une fois le sort des armes. Toute son armée, enflammée d'une nouvelle ardeur, demanda à grands cris qu'il la menât au combat.

Heureusement! saint Louis fut averti par ses espions que les Sarrasins se préparaient à lui livrer une nouvelle bataille. Dans ce combat, qui ne fut pas moins sanglant que le précédent, et où la victoire se rangea encore du côté des Français, le roi sauva de sa propre main le comte d'Anjou son frère, qui allait être fait prisonnier par les Sarrasins. Le comte de Poitiers, autre frère de saint Louis, fut aussi arraché des mains des infidèles, mais ce fut par les vivandiers et les valets de son corps d'armée, qui avait été enfoncé et mis en déroute.

Après cette victoire, le roi, dont l'armée était de jour en jour plus affaiblie, se trouva dans l'impuissance de soutenir les efforts de l'ennemi. Le sultan Almoadan, fils et successeur de Malech-Salech, arriva à Massoure à la tête d'une puissante armée qu'il avait rassemblée en Syrie. C'était un jeune homme de 25 ans. Sa présence en Egypte releva le courage abattu des Sarrasins, et fut le signal de tous les désastres qui affligèrent l'armée chrétienne.

Le premier fléau dont l'armée eut à se défendre fut une maladie contagieuse, causée par la multitude des cadavres. A cette contagion se joignit la famine, survenue par la perte de deux convois de vivres, qui tombèrent entre les mains des Sarrasins, dont les partis couraient la campagne. Pour comble de malheur, le roi lui-même ne put se garantir de la maladie, qui affligeait presque tous les seigneurs et les soldats de l'armée. Ce fut alors qu'on songea à se mettre en retraite, ce qui était presque impossible avec des troupes peu nombreuses et si fort affaiblies par la contagion et par la faim, à travers un pays où l'on pouvait être attaqué de tous côtés. Le roi, qui mesurait, mais trop tard, toute l'étendue du danger où il se trouvait, ne voulut pas quitter son camp sans obtenir du sultan une paix ou une trêve, à la faveur de laquelle il pût se retirer paisiblement. Il y eut à ce sujet une conférence entre ses envoyés et ceux d'Almoadan, dans laquelle il fut arrêté que le roi rendrait la ville de Damiette, et que le sultan renoncerait à la possession de toutes les places qu'il occupait dans le royaume de Jérusalem. Mais celui-ci ayant demandé qu'on lui livrât la personne du roi pour garantie de l'exécution du traité, les députés français, indignés de cette insolente proposition, se retirèrent aussitôt en déclarant qu'ils se feraient tous hacher en morceaux plutôt que de livrer la personne sacrée de leur monarque.

Il fallut donc se décider à entreprendre une retraite dans l'état le plus déplorable et à la vue d'un ennemi extrêmement nombreux, et qui brûlait de se venger de ses défaites précédentes. Ce fut le 5 avril 1250 que commença cette périlleuse opération. Les malades furent d'abord embarqués sur les vaisseaux qui avaient remonté le Nil pour le service des troupes. Le reste de l'armée prit ensuite la route de terre, et le roi se plaça à l'arrière-garde, que commandait Gaucher de Châtillon. Il n'avait de ses propres gens d'armes que le brave Geoffroi de Sargines. Tous les autres s'étaient réunis au corps de bataille.

Comme sa faiblesse était extrême, il n'avait ni casque ni cuirasse; il montait un petit cheval couvert d'une housse de soie. Jamais armée ne s'était trouvée dans une situation si alarmante. A peine les ennemis, qui étaient dix fois plus nombreux, eurent-ils aperçu ce mouvement de retraite, qu'ils s'ébranlèrent pour attaquer les croisés. Leur arrivée fut si prompte que l'arrière-garde n'eut pas même le temps de rompre le pont qu'elle venait de passer, et que les Sarrasins s'emparèrent du camp avant que les malades qui s'y trouvaient eussent été embarqués sur les vaisseaux qui les attendaient. Ce ne fut plus alors qu'un effroyable désordre et un massacre universel! Le roi de France, Alphonse, comte de Poitiers, et Charles, comte d'Anjou, ses frères, avec ce qu'il y avait de seigneurs, se trouvèrent au pouvoir des Sarrasins.

Le sultan Almoadan traita Louis avec beaucoup de douceur et de respect, et lui envoya son médecin, qui, en peu de jours, lui procura une entière guérison.

Dès que le roi eut recouvré la santé, il demanda à traiter avec le sultan, et ces deux princes conclurent un accord, dont les principales conditions étaient qu'il y aurait, entre les deux parties contractantes, une trêve de dix ans; que tous les prisonniers qu'on avait faits de part et d'autre, en Egypte, en Palestine, en Syrie, depuis la trêve que l'empereur Frédéric avait conclue avec le sultan Mélédin, vingt-un ans auparavant, seraient mis en liberté; que les chrétiens posséderaient paisiblement toutes les places qu'ils occupaient dans la Palestine et la Syrie; que le roi paierait 800,000 besans d'or pour la rançon de tous les prisonniers, et que pour la sienne, il rendrait Damiette au sultan.

Ce traité semblait devoir terminer une captivité pendant laquelle le saint roi s'était fait admirer des infidèles mêmes par l'héroïque fermeté, l'inébranlable force d'âme qu'il opposait à leurs insultes ; mais une soudaine révolution le jeta dans de nouveaux dangers. Les émirs et commandants des Mamelucks formèrent une conjuration contre le soudan, et, après avoir massacré ce prince, menacèrent le roi et ses chevaliers du même sort.

Cependant, soit qu'ils n'eussent voulu qu'effrayer, soit que l'avarice les eût ramenés à des sentiments plus doux, ils se décidèrent à demander la ratification et l'exécution du traité, non sans avoir élevé de nouvelles difficultés sur la formule du serment qu'ils voulaient lui prescrire, et qu'en chrétien le roi ne prêta que comme il le voulut.

La reine Marguerite était restée, comme nous l'avons dit, à Damiette, avec les autres princesses qui avaient fait partie de l'expédition. Elle avait mis au monde un fils à qui elle donna le nom de Tristan, pour marquer la triste circonstance dans laquelle elle lui avait donné le jour.

Ce fut donc pour cette princesse le sujet d'une joie inexprimable, lorsque, quelques jours après la signature du traité, elle vit arriver le roi et les autres seigneurs au port de Damiette, sur quatre galères sous les ordres de Geoffroi de Sargines. Ce prince n'entra pas dans la place, et Sargines fut seul chargé d'en exécuter la reddition. A peine la reine et sa suite furent-elles sorties de Damiette, que les Sarrasins en prirent possession.

Ainsi, après plus d'un mois de captivité, le roi, les princes, les seigneurs de France, de Chypre, de la Palestine, et environ six mille soldats, triste débris d'une armée de soixante mille hommes, recouvrèrent leur liberté, excepté le comte de Poitiers, qui resta en otage pour garantie du premier paiement. Dès que cette partie du traité fut remplie, le comte Alphonse fut mis en liberté, et se rendit à la rade où le roi l'attendait. On mit à la voile; et quelques jours après, l'on arriva, le 8 mai 1250, dans le port de Ptolémaïs. Saint Louis, frappé du triste état de la Terre-Sainte, résolut d'y rester quelques années, pour relever les fortifications des places qui étaient encore au pouvoir des chrétiens. Ce ne fut qu'au bout de quatre ans, lorsque la nouvelle de la mort de la reine Blanche, sa mère, lui fut parvenue, qu'il s'embarqua pour retourner en France.

Les tristes nouvelles qui arrivaient coup sur coup de la Terre-Sainte, réveillèrent l'attention et le zèle des chrétiens de l'Occident : Alexandre IV, et après lui Clément IV, firent prêcher la huitième croisade par toute l'Europe.

De tous les princes, saint Louis était celui qui avait le plus d'ardeur pour une nouvelle expédition contre les Sarrasins. Aussi, dès que le pape lui eut envoyé un légat, il convoqua dans son palais, en 1267, l'assemblée générale ou le parlement des princes, des prélats et des barons du royaume, et reçut la croix des mains du légat. Ses quatre fils, Philippe, Jean, Tristan et Pierre, suivirent son exemple. Le cinquième, nommé Robert, la souche des Bourbons, qui n'était alors âgé que de 10 ans, ne prit point part à cette brillante cérémonie.

Le pape s'empressa de proposer cet exemple du roi de France à tous les princes chrétiens, pour les animer à secourir la Palestine. Mais toutes ces négociations n'eurent aucun succès. La France et la Sicile étaient seules bien disposées à la croisade.

Aussitôt après avoir congédié le parlement qu'il avait assemblé, le roi se mit à faire ses préparatifs avec une grande activité. Les Génois se chargèrent de fournir les vaisseaux nécessaires au transport des troupes et des munitions.

Le roi, ayant employé trois années à prendre toutes les mesures nécessaires pour la tranquillité de ses États, se rendit le 14 mars 1270 à Saint-Denis, où il prit l'oriflamme sur l'autel.

Les vaisseaux génois si longtemps attendus arrivèrent enfin; et le roi s'embarqua le premier juillet à Aigues-Mortes avec toute son armée, qui se montait à environ 60,000 hommes.

Lorsque les troupes s'étaient embarquées à Aigues-Mortes, elles ne doutaient point que le dessein du roi ne fût de les conduire en Palestine, pour arracher la Terre-Sainte des mains des infidèles. Les chrétiens de Syrie n'avaient jamais eu autant besoin d'un prompt secours; ils n'avaient plus de villes fortes que Tyr et Ptolémaïs. Ces chrétiens n'étaient plus la race de ces premiers Francs établis en Palestine; c'était une génération mêlée de Syriens, d'Arméniens et d'Européens. Ces restes sans vigueur étaient pour la plupart soumis aux Égyptiens.

Cependant, quelque nécessaire que fût la croisade de saint Louis pour la délivrance de Jérusalem, le roi de France, en quittant Cagliari, cingla vers Tunis; Charles d'Anjou, roi de Naples et de Sicile, prince ambitieux, cruel, intéressé, fit servir à ses desseins la piété de saint

Louis ; il lui persuada que le roi de Tunis négligeait de payer le tribut qu'il devait au royaume de Sicile ; que les Sarrasins d'Afrique, outre les liaisons qu'ils entretenaient avec ceux qui, depuis plusieurs siècles, étaient restés en Italie, étaient toujours des ennemis à craindre pour la Sicile, qui autrefois avait été soumise à des princes de leur nation ; que les chasser des bords de l'Afrique opposés à l'Europe, c'était donc leur ôter l'espérance et les moyens de jamais rien entreprendre sur cette île. Charles d'Anjou voulait se rendre maître de ces pays.

Lorsque la flotte française entra dans le golfe, le 18 juillet 1270, on vit les deux rivages couverts d'une nombreuse armée de Sarrasins. On ne laissa pas de se préparer à exécuter la descente. On rangea les vaisseaux en conséquence, et le roi prit avec le sien la tête de la flotte.

La descente exécutée, l'armée s'empara de l'isthme, et y dressa son camp ; mais elle s'y trouva fort incommodée par le manque d'eau douce.

Les maladies qui s'étaient déclarées dans l'armée française avant le débarquement, faisaient des progrès alarmants : principalement des fièvres aiguës et des dyssenteries.

Le roi lui-même tomba malade : il rendit l'âme sur les trois heures après midi, le lundi 25 août 1270.

Cette mort répandit une incroyable consternation dans toute l'armée.

## CHAPITRE X.

**Dernières Croisades (1270) et fin de ces expéditions.**

L'armée française, encore plongée dans la douleur par la mort de saint Louis, ne voyait cette guerre qu'avec indifférence, et Philippe, fils aîné du roi de France, désirait retourner dans son royaume, où l'appelait l'intérêt de l'Etat. Les troupes de Charles d'Anjou n'étant pas assez nombreuses pour continuer la guerre, on tint conseil à ce sujet, et l'on résolut de renoncer à s'emparer de Tunis. L'on espérait obtenir des conditions aussi avantageuses qu'honorables du prince des Sarrasins, qui sans doute ne demandait pas mieux que de voir l'armée chrétienne s'éloigner de ses rivages. En effet, on reçut de lui des envoyés chargés de sa part de demander la paix. On les accueillit avec empressement, et on entra en conférence sur l'objet de leur mission.

Ce traité, qui n'était qu'une trêve de dix ans, portait que l'ennemi paierait une forte somme pour les frais de la guerre; qu'il mettrait en liberté tous les chrétiens qui se trouveraient sous sa domination; qu'ils auraient la faculté d'exercer leur culte publiquement; que tout musulman serait libre d'embrasser le christianisme; que les marchands chrétiens jouiraient des mêmes priviléges que ceux du pays; enfin, que Muley-Monstança paierait au roi de Sicile les 40,000 écus de tribut que ce roi payait au pape pour les royaumes de Naples et de Sicile. C'était là tout ce que voulait le roi Charles ; mais il ne réfléchissait pas qu'en imposant de pareilles conditions à un prince mahométan, celui-ci ne les remplirait qu'autant de temps qu'il croirait ne pouvoir s'en dispenser, c'est-à-dire qu'autant de temps qu'il aurait à craindre un nouvel armement contre ses Etats : aussi ce traité ne reçut-il qu'une partie de son exécution.

La paix entre le roi de Sicile et Muley-Mostança venait à peine d'être signée, lorsqu'on vit arriver le prince Edouard, fils aîné du roi d'Angleterre, avec son frère Edmond et un grand nombre de seigneurs et de chevaliers qui s'étaient croisés pour la Terre-Sainte. Cette trêve força Edouard à quitter l'Afrique ; il revint avec Charles d'Anjou en Sicile pour y passer l'hiver, et il s'embarqua au printemps pour la Palestine. Aussitôt après son arrivée à Ptolémaïs, le 9 mai 1271, Bondocdar, la terreur des chrétiens, se présenta devant la place ; mais le prince anglais, malgré son peu de troupes, fit si bonne contenance, que le sultan d'Egypte se retira sans rien entreprendre. Dès que Bondocdar se fut éloigné, Edouard se mit en campagne ; son armée se montait à sept mille hommes. Les chrétiens s'emparèrent de Nazareth, et passèrent au fil de l'épée tous les Sarrasins qui s'y trouvèrent. Pendant les dix-huit mois qu'Edouard resta à Ptolémaïs, il fit aussi contre les infidèles plusieurs excursions plus ou moins avantageuses.

Par sa politique adroite, le prince Edouard appela en Syrie les Tartares, ennemis irréconciliables des Egyptiens. Ils entrèrent en Palestine et s'opposèrent pendant quelque temps aux progrès effrayants du conquérant Bondocdar; mais cette diversion ne dura pas assez de temps pour que les chrétiens en tirassent un grand avantage ; car les Tartares, selon leur coutume, s'en retournèrent après avoir ravagé le pays ; et Hugues, roi de Chypre et de Jérusalem, ne se voyant pas assez fort pour résister, engagea le prince anglais à faire la paix avec le sultan d'Égypte. Bondocdar leur accorda une trêve de dix ans.

Malgré la trêve il était à craindre que la désunion qui régnait parmi les chrétiens d'Orient, au sujet de la succession au royaume, ou plutôt au titre de roi de Jérusalem, n'excitât Bondocdar, habile à profiter des occasions, à saisir celle-ci pour s'emparer du peu qui leur restait en Syrie et en Palestine. Heureusement les Tartares ne lui laissèrent pas le temps d'accomplir tous les projets de son ambition et de sa haine. La plus forte partie de son armée fut taillée en pièces, et lui-même reçut une si grave blessure, qu'il en mourut quelques jours après, la dix-septième de son règne, en 1277.

L'occasion était belle pour les chrétiens de la Palestine, si leurs divisions ne les eussent empêchés d'en profiter ; leurs affaires prirent une tournure qui chaque jour devint plus alarmante, surtout par les efforts que faisaient les Sarrasins pour réparer les désastres que leur avaient fait essuyer les Tartares. En effet, Mélec-Saïs, successeur de Bondocdar, ne tarda pas à venir faire des courses et ravager la campagne jusqu'aux portes de Margat, forteresse appartenant aux Hospitaliers. Les chevaliers, pour punir cette incursion, sortirent de la place en bonne contenance, chargèrent ces pillards, et en taillèrent en pièces la meilleure partie. Le sultan d'Égypte, voulant avoir sa revanche, envoya aux environs de la place un plus gros parti composé de 5,000 hommes. Ceux-ci, surpris et marchant la plupart sans ordre et sans précaution comme à une victoire certaine, furent bientôt enfoncés : ce fut moins un combat qu'une boucherie.

Mélec-Saïs piqué de cette déroute, résolut de s'en venger par la ruine même et la destruction de cette forteresse ; mais ayant été retenu par des affaires importantes dans ses Etats, il ne put exécuter son dessein que trois ans après, en 1285; il vint alors lui-même assiéger la place à la tête d'une armée formidable. Le grand-maître y tenait toujours une grosse garnison. Mélec-Saïs tenta d'abord d'emporter la place par escalade : puis il la fit miner secrètement, de sorte que les chevaliers furent obligés de sortir. Le sultan la fit raser, pour leur ôter l'espérance d'y rentrer dans une conjoncture plus favorable.

Mélec-Saïs, après la conquête de Margat, s'empara du château de Laodicée ; il se disposait à faire le siège de Tripoli, lorsqu'un des principaux émirs le fit périr, et se plaça sur le trône sous le nom de Mélec-Messor. Ce nouveau sultan, après avoir établi sa puissance dans l'Egypte, reprit le dessein qu'avait eu son prédécesseur, de chasser les chrétiens de la Palestine, et forma le siège de Tripoli, qu'il emporta d'assaut, et qu'il fit raser, comme Mélec-Saïs avait fait de Margat, pour n'être pas obligé d'y tenir toute une armée en garnison : sept mille chrétiens périrent dans ce sac. Mélec-Messor aurait pu étendre plus loin ses conquêtes ; mais, craignant de s'attirer toutes les forces de l'Occident, par quelque nouvelle croisade, il conclut, vers 1288, une trêve de deux ans avec Henri II, roi de Chypre et de Jérusalem.

Telle était la situation des affaires de la Terre-Sainte.

De tant de places que Godefroi de Bouillon et ses successeurs avaient conquises, Ptolémaïs était la seule ville importante qui restât aux chrétiens d'Orient. Comme cette place était devenue la capitale du royaume depuis la prise de Jérusalem, et que tous les chrétiens grecs et latins s'y étaient réfugiés, elle était très peuplée. Cependant, ce qui eût dû en faire la force, causait sa faiblesse par la division qui était entre les chefs de ces différents corps, qui se prétendaient indépendants les uns des autres.

Le sultan, bien instruit des divisions qui régnaient parmi les habitants de Ptolémaïs, mit sur pied une puissante armée pour former le siége de cette place, et pour chasser entièrement tous les chrétiens de la Syrie ; mais ce prince mourut en chemin. Le prince Calil, son fils, s'avança du côté de Ptolémaïs, dont il entreprit le siége le 5 avril de l'année 1291.

Les attaques furent vives et continuelles ; et, la nuit comme le jour, les infidèles ne donnaient point de relâche aux assiégés.

Henri II, roi de Chypre, au lieu de s'appliquer à rétablir l'ordre et à faire respecter dans la ville de Ptolémaïs l'autorité que devait lui donner le titre de roi de Jérusalem, s'était retiré depuis quelque temps dans l'île de Chypre ; cependant les chrétiens lui ayant demandé du secours, il débarqua dans le port de Ptolémaïs à la tête de 200 cavaliers et de 500 hommes de pied. C'était un faible secours, contre la puissance du formidable sultan ; d'ailleurs on n'était pas prévenu en faveur du courage du prince chrétien. Aussi la garnison, qui vit bien qu'elle ne pourrait se défendre longtemps, dans une conjoncture si importante et si pleine de périls, sans un commandant qui sût faire la guerre, élut Guillaume de Beaujeu, grand-maître des Templiers, pour gouverneur de la ville.

Le sultan fit tenter la fidélité du grand-maître par des sommes immenses ; mais Guillaume de Beaujeu n'y répondit que par la juste indignation qu'il montra de ce que Mélec-Séraph l'avait cru capable de l'écouter. Les Mamelucks, soldats déterminés, montèrent sur la brèche, accablèrent par leur grand nombre les Teutoniques, et pénétrèrent jusqu'au cœur de la ville. Ils s'en croyaient les maîtres, mais aux cris et au bruit que faisaient les vainqueurs et les vaincus, le maréchal des Hospitaliers de Saint-Jean, par ordre du grand-maître, étant accouru à la tête d'une troupe de chevaliers de son ordre, les chargea si brusquement qu'ils furent obligés de reculer : il y en eut un grand nombre de tués dans cette retraite forcée, et les Hospitaliers en précipitèrent plusieurs du haut de la brèche dans les fossés.

On y combattit avec une même ardeur sans égale. Le maréchal des Hospitaliers, chevalier d'une haute valeur, tomba percé de plusieurs coups qu'il reçut en même temps ; Guillaume de Beaujeu, adressant alors la parole à Jean de Villiers, grand-maître des Hospitaliers : « Nous
» ne pouvons plus tenir, lui dit-il, et la ville est perdue,
» si, en attaquant le camp même des ennemis, vous ne
» trouvez moyen de causer une diversion qui ralentisse
» leur ardeur, et qui nous donne le temps de fortifier le
» poste que nous défendons. »

Jean de Villiers se rendit à ce conseil, et partit sur-le-champ. Étant sorti par une porte opposée à l'attaque, il se flattait de surprendre le camp ennemi ; mais les Sarrasins restèrent vainqueurs. Ainsi, cette ancienne et fameuse Ptolémaïs, connue aussi sous le nom de Saint-Jean-d'Acre, qui, cent ans auparavant, avait été prise par Philippe-Auguste et Richard Cœur-de-Lion, après un siège de trois ans, soutenu par les Sarrasins contre plus de trois cent mille croisés qui se succédaient sans cesse, fut reprise en quarante-quatre jours par le sultan Mélec-Séraph.

Ce fut ainsi que les chrétiens furent chassés de la Terre-Sainte, 192 ans après que Godefroi de Bouillon et les autres princes croisés en eurent fait la conquête, et eurent fondé le royaume de Jérusalem, qui compta douze rois propriétaires jusqu'à Jean de Brienne, et qui, depuis ce prince, et à commencer par Frédéric II, n'en eut plus que de titulaires.

Les derniers faits des croisades se mêlent à l'histoire particulière des ordres militaires, et la chrétienté entière n'y prend presque aucune part; aussi terminons-nous ici le sommaire de ces expéditions glorieuses surtout pour la France, et concluons avec tous les historiens sérieux par ces simples mots : Sans doute elles n'ont pas produit le bien entier qu'on devait en attendre; cependant, à tous les points de vue politiques, religieux et sociaux, elles ont donné des résultats dont les années ne font que de plus en plus constater la plus haute importance.

FIN.

# TABLE.

## LES GRANDS GUERRIERS DES CROISADES.

| | |
|---|---|
| Introduction. | 5 |
| Baudouin Ier, roi de Jérusalem. | 7 |
| Bohémond, prince de Tarente. | 13 |
| Bouillon (Godefroi de). | 19 |
| Brienne (Jean de). | 23 |
| Châtillon (Renaud de). | 29 |
| Courtenay (Josselin de). | 33 |
| Dandolo. | 36 |
| Joinville. | 42 |
| Louis IX (saint Louis), roi de France. | 47 |
| Melik-el-Adel (Malek-Adel). | 61 |
| Montferrat (Conrad, marquis de). | 67 |
| Raymond, comte de Saint-Gilles et de Toulouse. | 71 |
| Richard Cœur-de-Lion. | 76 |
| Robert II, comte de Flandre, et Robert, duc de Normandie. | 85 |
| Saladin. | 89 |
| Tancrède. | 100 |

## PRÉCIS SUR L'HISTOIRE DES CROISADES.

CHAPITRE I. — Expédition des Croisés depuis Pierre-l'Ermite jusqu'à la prise de Jérusalem (1094-1099). ... 113

CHAPITRE II. — Godefroi de Bouillon. — Baudouin I<sup>er</sup> (1099-1118). ... 151

CHAPITRE III. — Baudouin II (1118-1131). ... 172

CHAPITRE IV. — Deuxième croisade. — Saint Bernard (1131-1159). ... 179

CHAPITRE V. — Derniers rois de Jérusalem. — Saladin (1159-1187). ... 188

CHAPITRE VI. — Troisième croisade (1192-1195). ... 197

CHAPITRE VII. — Quatrième et cinquième croisades. — Croisade d'enfants (1195-1213). ... 204

CHAPITRE VIII. — Sixième croisade. — Perte de Jérusalem (1217-1247). ... 213

CHAPITRE IX. — Septième croisade. Saint Louis (1245-1270). ... 222

CHAPITRE X. — Dernières croisades (1270) et fin de ces expéditions. ... 232

FIN DE LA TABLE.

Limoges. — imp. Eugène ARDANT et C<sup>ie</sup>.

www.ingramcontent.com/pod-product-compliance
Lightning Source LLC
Chambersburg PA
CBHW071930160426
43198CB00011B/1338